马克思主义研究文库

后马克思主义媒介技术思想探究

程 鹏｜著

光明日报出版社

图书在版编目（CIP）数据

后马克思主义媒介技术思想探究 ／ 程鹏著 . -- 北京：
光明日报出版社，2023.5
ISBN 978 - 7 - 5194 - 7255 - 9

Ⅰ . ①后… Ⅱ . ①程… Ⅲ . ①马克思主义—新闻学—
传播学—研究 Ⅳ . ①A811. 67

中国国家版本馆 CIP 数据核字（2023）第 090905 号

后马克思主义媒介技术思想探究
HOU MAKESI ZHUYI MEIJIE JISHU SIXIANG TANJIU

著　　者：程　鹏

责任编辑：史　宁　　　　　　　　责任校对：许　怡　李海慧
封面设计：中联华文　　　　　　　责任印制：曹　净

出版发行：光明日报出版社

地　　址：北京市西城区永安路 106 号，100050

电　　话：010 - 63169890（咨询），010 - 63131930（邮购）

传　　真：010 - 63131930

网　　址：http：//book. gmw. cn

E - mail：gmrbcbs@ gmw. cn

法律顾问：北京市兰台律师事务所龚柳方律师

印　　刷：三河市华东印刷有限公司

装　　订：三河市华东印刷有限公司

本书如有破损、缺页、装订错误，请与本社联系调换，电话：010 - 63131930

开　　本：170mm×240mm

字　　数：161 千字　　　　　　　印　　张：12.5

版　　次：2024 年 1 月第 1 版　　　印　　次：2024 年 1 月第 1 次印刷

书　　号：ISBN 978 - 7 - 5194 - 7255 - 9

定　　价：85.00 元

前　言

　　追问和反思媒介技术的历史由来已久，甚至可以追溯到古希腊时期。从 19 世纪开始，媒介技术的不断发展和新媒介技术的产生在人类社会发展中起到了重要作用。后马克思主义思潮所处的年代正是媒介技术大发展、大进步的年代，因此后马克思主义思潮中关于媒介技术的哲学反思十分丰富，但论述较为分散，而国内外对后马克思主义中媒介技术的研究大多停留在个别人物的某些观点述评之上而缺少整体和深入的研究。

　　本书对后马克思主义思潮媒介技术思想代表人物的思想进行了历史性考察与梳理，力图挖掘后马克思主义媒介技术思想的发展传承与观点脉络，试图从技术哲学角度分析和把握其总体思想，剖析媒介技术发展与资本主义社会之间的内在逻辑关系，并与当代马克思主义媒介技术思想进行比较，从马克思主义的角度对后马克思主义媒介技术思想进行了简单的评述，批判性地讨论了这一理论的同时也发掘这一理论的不足，为之后的发展和研究提供了一定程度的建议和指向。本书共分六个部分来探讨后马克思主义代表人物的媒介技术思想研究。第一部分解释选题的意义和背景，介绍后马克思主义思潮所处的时代背景、理论背景与哲学界定，对前人研究进行综述。第二部分解析后马克思主义发端时期主要代表人物的媒介技术思想，主要包括居伊·德波（Guy Debord）的景观技术思想和让·鲍德里亚（Jean Baudrillard）的符号理论与拟像理论，并且对其思想进行简单评述。第三部分介绍后马克思主义者拉克劳

(Laclau) 和墨菲 (Mouffe) 在话语理论视域下的媒介技术思想，认为媒介技术可以体现为话语理论中对意识形态的霸权争夺，是对马克思主义意识形态理论的回应。第四部分阐释后马克思主义学者齐泽克 (Zizek) 的媒介技术思想，齐泽克以精神分析的视角探讨媒介技术对当下生活的监控及其与意识形态的关系，并深入探讨电影媒介技术与意识形态的关系以及数字媒介构建的赛博空间与虚拟世界等问题。第五部分是对后马克思主义思潮媒介技术思想的整体特征的探究和总结，从技术哲学角度梳理媒介技术思想的理论发展逻辑。最后一部分是当代马克思主义媒介技术思想的横向比较并从马克思主义理论出发对后马克思主义媒介技术思想进行批判和反思，力图挖掘后马克思主义媒介技术理论的价值，认清理论缺陷和不足，以期为当代中国的媒介技术研究提供思路与借鉴。

媒介技术发展日新月异，从传统纸媒到新兴移动数字媒介技术为社会的发展与建构提供了动力和挑战。后马克思主义媒介技术思想的研究是对当代媒介技术环境下的社会发展进行研究分析，是媒介技术思想史研究的一部分，也是对技术哲学研究的一种补充。本书通过对后马克思主义中的不同学者的媒介技术思想的总结，探究媒介技术在当代资本主义社会发展中的作用以及不同类型的具体媒介技术对社会和人造成的影响，挖掘媒介技术本身的不同特征及其在资本主义下对构建社会意识形态的作用。后马克思主义者从对媒介技术的批判性追问中提出扬弃方式以期达到对资本主义的批判与改造。本书只是起到抛砖引玉的作用，对后马克思主义媒介技术哲学思想给予了初步研究，在未来的研究思考中仍需要不断地挖掘与探索，尤其是在媒介技术更加发达的今天更需要注重后马克思主义思想对新媒介技术研究的思路启发，以期在当下的社会发展建设中，为当今社会媒介技术的研究和治理提供一定的理论与现实参考价值。

目 录
CONTENTS

第1章

绪　论

1.1　问题的提出

社会主义实践出现的新问题以及资本主义社会出现的新变化等新的社会现实向传统马克思主义理论提出了新的问题和挑战，尤其是 20 世纪 70 年代以来，世界范围的社会主义运动走向了低潮，但同时资本主义国家的基本矛盾导致的社会矛盾也在不断激化，全球生态环境恶化、低经济增长率与高失业率并存、福利制度的不可持续、经济全球化等都向资本主义制度提出了新的问题和挑战。为了回答这些问题和解决西方国家面临的危机问题，很多马克思主义者结合当时的社会现实与历史状况在理论和实践方面做出了诸多新的努力与尝试，发展出一系列基于马克思主义的理论与思潮。后马克思主义正是在这种思想背景下产生的，它是一种把马克思主义与后现代主义、后结构主义相结合的尝试，是对新时代社会主义和资本主义发展时期对社会主义发展策略和战略与当代新现实问题、新矛盾做出的新思考、新尝试，其在解构传统马克思主义的基础上，致力于重建社会主义信念，强调意识形态与文化的社会作用，对马克思主义做出了个性化的解读，拓展了马克思主义的研究领域，为我们重新认识和发展马克思主义提供了新的思路与灵感。

随着后马克思主义哲学研究在中国的兴起，国内学界对后马克思主义思想的研究也在不断深入。国内外学界对媒介技术思想的关注也使得后马克思主义者关注媒介并对媒介进行了新的思考。媒介技术思想越来越受到学者的重视，不仅因为媒介技术的产生、发展与进步不断地改变着世界和人类社会的方方面面，可以说媒介是当代社会最为强大的存在，而且从某种程度上看，媒介正是人类精神在这个时代得以展示的最主要的方式。后马克思主义者所生活的世界是一个充斥着媒介的世界，从报纸、杂志、电视等传统媒介到当代网络媒体、数字媒体，人们无时无刻不受到媒介的影响。后马克思主义的分类繁多，如果从让·鲍德里亚（Jean Baudrillard）算起的话，那么早在影响鲍德里亚较深的居伊·德波（Guy Debord）和列斐伏尔（Lefebvre）那里就已经对媒介技术展开了讨论，并且，媒介环境学的奠基人马歇尔·麦克卢汉（Marshall McLuhan）的思想在当时已经产生了一定的影响，且多位后马克思主义者对其思想进行了或直接或间接的对话。后马克思主义哲学家们无疑对媒介的技术有了大量的论述，居伊·德波的景观社会，鲍德里亚的符号媒介思想，斯拉沃热·齐泽克（Slavoj Zizek）的电影理论与赛博空间等，毫无疑问，媒介在其作品中大量被探讨甚至以元哲学的地位存在于哲学理论中。在思想家们将后现代、后结构主义中的思想理论成果与马克思主义相结合产生的独特的后马克思主义哲学中包括大量的对媒介统治的社会敏锐的观察，并且作为新时代的一种反思，成为一种新的理论范式。

因此，本书主要是从后马克思主义学派的思想中梳理出媒介技术思想，其中关键问题就是要挖掘媒介技术在整个后马克思主义的研究和发展中的表现形态和理论范式，以及在不同形态下的媒介技术对整个社会发展的影响并给予中肯的分析和评价。在此基础上，将后马克思主义媒介技术思想置于马克思主义理论思想和现代技术哲学视域下进行解读与阐发，说明了其作为一套"技术哲学"理论的意义和价值，为当代中国特色社会主义媒介技术的理论与实践提供启示。

1.2 选题的意义

1.2.1 理论意义

本选题研究的理论意义，主要表现在以下几个层面：其一，系统深化对后马克思主义的媒介思想与社会发展的关系的研究。学术界虽然有对后马克思主义的媒介技术与社会的关系研究，但系统研究后马克思主义哲学语境中媒介与社会的关系还比较少。本选题所讨论的后马克思主义的媒介技术实践、媒介技术异化、媒介技术批判、媒介技术价值、媒介思想等都始终是围绕着后现代社会和理论的发展而展开的，包括人的存在方式、生存境遇、全面解放、文化霸权等多个层面。进一步讲，本选题在阐释后马克思主义的媒介技术与社会的关系中，遵循历史与逻辑的相统一，在后马克思主义思想和媒介技术的历时性发展变化中深刻剖析二者的逻辑关联。其二，拓展了后马克思主义的研究视角。从国内外的研究现状来看，对后马克思主义的研究既有从整体上和不同视角的研究，也有从后马克思主义中的某个范畴入手。虽然这些研究有涉及阐释媒介技术和社会的论述，但是从后马克思主义媒介思想理论的视角系统深入进行研究的比较少。需要指出的是，对后马克思主义的媒介思想研究并不是主观臆断的，而是凸显在后马克思主义的经典文本之中。其三，从宏观来讲，对后马克思主义媒介思想向度的研究，丰富了后马克思主义的理论内涵，更进一步凸显了后马克思媒介思想在整个后马克思主义哲学思想中的理论地位，让我们对后马克思主义的媒介技术思想有了更深入的把握。虽然论文主要是在阐释后马克思主义媒介技术思想和社会的内在关系，但是论文也会将后马克思主义的媒介思想与现代西方马克思主义媒介技术思想进行比较研究，从而更好地理清后马克思主义媒介思想的丰富内涵和深邃意蕴。

1.2.2 现实意义

本选题研究的现实意义，主要体现在以下几个方面：首先，通过对后马克思主义媒介研究，凸显媒介技术在社会发展中的重要性，尤其是媒介技术在当代话语体系中对社会的存在与发展的意义。这就为中国特色现代性媒介技术观下社会的解放提供了重要理论反思。为了更好地建构中国特色社会主义的媒介社会，需要借助马克思主义思想深刻反思后马克思主义媒介技术思想的弊端，并结合中国特色社会主义和中国传统文化更好地发展中国社会。其次，后马克思主义的媒介技术思想对当今国际社会中人类的解放、国际话语权的争夺等问题提供了重要启示作用。在当下的智能时代，虽然媒介技术的具体形式发生了变化，但是后马克思主义媒介思想的批判性与反思性仍然具有指导价值。最后，对推动新技术时代人类新文明的前进提供了某种程度的反思。因此，对后马克思主义媒介技术思想的解读，在深化后马克思主义媒介技术思想理解的同时，充分彰显其理论魅力。

1.3 文献研究综述

后马克思主义的媒介技术思想是后马克思主义哲学的重要组成部分，是理解和领悟后马克思主义哲学思想和媒介技术思想的一把钥匙，其理论特色鲜明、内涵意蕴丰富。然而，随着科技的快速发展，媒介技术已经成为人们现实生活中不可分割的一部分，尤其是新媒介技术对人的生存发展产生了重要影响，媒介技术发展的革命性和消极性是现代社会的重要反映。也就是说，媒介技术发展给人类社会带来的机遇和挑战同在，我们在享受媒介技术发展所带来的便利化的同时，也要反思现代性的媒介社会的弊端，客观看待媒介技术与社会的发展之间的内在逻辑关系。有鉴于此，需要在前人研究后马克思主义媒介技术思想的基础上，回归到后马克思主义文本中，深刻剖析后马克思主义的媒介技术思想与社会的发展之间的关系。正是在这个意义上，本书尝试着对后马克思主义经典文本中的媒介技术思想进行解读，从而拓展后马克思主义研究视野、丰富其理论内涵，为当今社会处理科学技术进步与社会发展的关系提供理论参考和实践导向。

后马克思主义被引入中国以来，伴着技术的突飞猛进，媒介技术也同样快速发展，媒介技术的发展与革新推动了人类社会的进步，也引发了哲学家们对媒介技术问题的关注与思考。毋庸讳言，后马克思主义学者立足于当代资本主义社会的媒介发展现实，通过对资产阶级社会的深入观察和切身体会，进而著书立说形成了丰富的媒介技术思想。随着技术哲学在中国的兴起，国内学者对后马克思主义哲学也进行了研究，并形成了一些具有建设性的理论著作，这对进一步深入研究后马克思主义的媒介技术思想具有重要启示。从总体上看，对后马克思主义媒介技术思想的进一步研究还有待深化，尤其是对后马克思主义的文本中媒介技术思想的深刻内涵的挖掘很有必要。因此，国内研究综述基于总结前人研究成果，尝试着从后马克思主义、经典的媒介思想和后马克思主义的媒介思想的不同角度来分析当前国内的研究动态。

1.3.1 国外后马克思主义媒介技术研究现状

长期以来，国外学者也十分关注后马克思主义的媒介技术思想，并从不同的视角对其进行了研究。在后马克思哲学中，媒介技术的产生与发展始终是与社会和人交织在一起的，后马克思主义的媒介技术无论以何种形式展开，它的理论关照始终是批判资本主义社会和对人的处境的揭示。不论是早期的后马克思主义还是当代的后马克思主义，都是继承了马克思主义的某些理论观点，再配合现代的理论，从媒介这一视域去解释和批判资本主义社会所面临的问题。尤其是当代资本主义的发展，媒介技术对人们的社会生活产生了重要影响，国外学者对后马克思主义媒介技术思想的研究也越来越多。

国外不同的学者在研究不同的后马克思主义者的过程中都不会忽略对媒介技术的思考研究。美国的马克·波斯特①（Mark Poster）在提到德里达（Derrida）时说道：这位解构主义哲学家认为自己关注的是书写而并非媒介，并以此为骄傲。德里达虽然会使用电脑编辑文字，但从来都不使用电子邮件，然而这并不影响他对电子邮件的分析，他在1998年的著作《档案热》中分析了电子邮件对人心理的影响，并对这种影响做出了较为科学的预测与推断。在人们工作与生活中电子邮件的重要性不言而喻，而德里达对电子邮件分析的结论是人不能过度依赖电子邮件。他2005年的文选《纸机器》对媒介问题质疑更深，德里达不仅仅将媒介视为中性工具，还认为它对文化理论有深远的影响。他在论文中写道："它的经济总是远胜于一个媒介（传播的直接形式，假想的中性支援）。"这位思想理论家十分纠结，他倾心于媒介的技术性，但

---

① 马克·波斯特，侯晓艳，章戈浩. 麦克卢汉与媒介的文化理论 [J]. 新闻与传播评论，2010（00）：181-189，242-243.

是他也指出了其关于媒介技术的思想与麦克卢汉的媒介技术的不同。英国学者保罗·A. 泰勒①对齐泽克媒介理论的解读抓住了其思想的内核。精神分析的现实性、性变态的政治性、媒介符号的体系性、媒介暴力的神圣性，以及意识形态对现实的再造。齐泽克的媒介研究贯穿着拉康（Lacan）的精神分析理论。齐泽克利用性变态理论来分析权威对媒介的操控；利用阉割来提醒批判；利用精神病和神经症的变化过程来反映意识形态对虚拟现实的建构；利用拉康"大他者"的概念以及实在界、想象界、象征界三位一体等概念来说明我们常识中的现实概念并不能充分揭示其在生活的直接经验中所起的作用。这种影响无疑来自非物质、空白、真空和不在场，但其决定性的作用毫不逊色。虽然在当代各种元叙事（例如宗教）公然的象征效力已式微，但"大他者"作为一种结构性力量，却继续出没于客观切实的、并非昭然若揭的形式中。詹尼克周（Jannick Schou）②认为拉克劳（Laclau）、墨菲（Mouffe）的后马克思主义话语理论越来越多地被运用到媒体研究中，以研究围绕媒体、在媒体内部和通过媒体传播的话语。话语理论已被证明是一种富有成效的理论资产，它可以对特定话语体系的固化和中和产生重要的经验见解。然而，拉克劳理论工作的临界潜能往往被低估或忽视。拉克劳没有提供一个完全形成的批评理论，而是提供了一个描述性的工具箱，其中潜在的批评含义要么被忽略，要么被完全遗忘。詹尼克周试图从马克思主义、资本主义和批判的角度，反思拉克劳批判媒体研究工作的潜力和障碍。首先，论述了马克思主义与后马克思主义的关系，认为拉克劳没有抛弃马克思主义，而是积极地把自己的工作定位为与这一传统的对话和

①　保罗·A. 泰勒．齐泽克论媒介［M］．安婕．译，北京：中国传媒大学出版社，2019.

②　SCHOU J. Ernesto Laclau and Critical Media Studies：Marxism，Capitalism，and Critique［J］．triple，2016.

反对这一传统的对话。其次，论述了拉克劳对所谓全球化资本主义的分析与政治斗争之间的关系，从而引出对阶级关系和政治经济的讨论。最后，考察了拉克劳的意识形态批判观，认为它必须被看作是一个同时具有解释性、规范性和实践性的视角。基于这些讨论，本文的论点是，仅仅将话语理论作为一种描述性的研究形式是不够的，必须通过对现有的统治和资本主义从属结构的激进批判来强调这一点。作者认为拉克劳、墨菲的部分工作在这方面存在问题，需要通过未来的研究进一步关注。作者试图通过对拉克劳自身工作的深入探讨，为话语理论在传媒研究领域的批判性应用做出贡献，并为马克思主义、后马克思主义和批判性传媒研究之间的对话做出贡献。肖恩·费兰（Sean Phelan）和林肯·达尔伯格（Lincoln Dahlberg）[1] 认为话语理论和批评媒体政治关注两个关键问题：从当代关于政治和社会生活的"中介"和"中介化"的讨论来看，话语理论可以说是什么呢？反过来，对于与当前对话语理论的理解相关的批判性媒体和传播研究，又能说些什么呢？它从一系列的媒介、传播学和批判政治理论的角度批判性地审视话语理论——媒介政治关系，以此来探讨这个问题。

1.3.2 国内后马克思主义媒介技术思想研究现状

张劲松[2]认为后马克思主义的前期重要人物鲍德里亚使用"拟像"和"超真实"等概念对后现代社会进行了深度地刻画与描述，认为后现代社会生活是离不开媒介技术主导的，他认为媒介是一种重要的拟真机器，而且媒介的拟真作用不光渗透到人们的日常生活之中，还日渐成

---

[1] PHELAN, DAHLBERG L. Discourse Theory And Critical Media Politics [M]. New York: Palgrave Macmillan, 2011

[2] 张劲松. 拟真时代：鲍德里亚媒介理论的后现代视角 [J]. 安徽大学学报（哲学社会科学版），2012（02）：130-135.

为当代资本主义控制社会的新工具。在媒介与技术的共同作用下，人们把媒介技术形成的超真实世界当作真实的世界，而在超真实世界中的人受到压制和消解成为沉默的大多数，并使社会消解，最终可能导致社会的终结。

鲍德里亚思想理论对后人理解后现代主义、后马克思主义的媒介批判理论提供了新的启示与思路，他对媒介的意识形态功能分析对后来的哲学家有十分重要的影响。戴阿宝①则着重分析了鲍德里亚对媒介在超真实社会中的作用与内爆进行分析和阐释，媒介不仅使意义发生内爆，还使社会发生内爆。在现实生活中的媒介运作中，媒介对文化的控制作用会改变社会的性质，同时也改变社会的媒介模型，并导致真实与意义的丧失与消解，马克思主义中的阶级概念被大众取代，异化概念被各种统计数字替代，媒介主导的民意测验成为控制社会的新型模式，作为社会主体的大众抵制媒介统治的方式唯有沉默，鲍德里亚称之为大众的沉默。刘立华②关注后马克思主义拉克劳、墨菲的话语理论对媒介技术思想的影响，并通过对话语理论的分析解释了话语理论与批判媒介政治思想结合的发展成果。徐桂权和陈一鸣③对以拉克劳和墨菲的话语理论为核心形成的埃塞克斯学派进行了分析与研究，埃塞克斯学派是对话语理论及其在社会中的应用为主要研究对象的学派，其对批判的政治话语进行了探讨和梳理，并试图探讨话语理论在媒介传播中的适用范围与方式，为国内媒介传播领域话语理论的研究开拓视野，为话语理论的本土化研究提供思路。

刘昕亭认为，在齐泽克看来，后现代的理论家们以宏大叙事的理论

---

① 戴阿宝. 鲍德里亚媒介理论的若干问题［J］. 外国文学评论，2004（02）：40-50.
② 刘立华. 话语理论的新进展：兼评《话语理论与批判媒介政治学》［J］. 国外理论动态，2016（02）：135-143.
③ 徐桂权，陈一鸣. 后马克思主义视野下的媒介话语分析：拉克劳与墨菲话语理论的传播适用性［J］. 新闻与传播研究，2020（02）：42-57.

作为批判的对象并在此基础上阐释自己的思想理论；拉康使用精神分析的方式对电影时代的探讨形成了当代的电影理论，虽然在理论界产生了巨大的影响，但没有真正形成革命力量；齐泽克作为新一代拉康派的代表，通过对电影及文化的探讨，"欲以重新理解凝视为契机，通过改写艺术与意识形态的关系、改装主体在观看政治中的欲望滑动，寻找对符号囚牢的理论突破"①。

第一，"景观"媒介技术思想。

西方资本主义社会进入 20 世纪以来，影视媒体网络等新技术陆续进入市民社会并成为一种主流的新媒介，改变着人们所处的生活世界。德波非常敏锐地注意到这类新技术的变革引发的社会变化，并且抓住了"景观"这一核心概念展开自己对资本主义新形势的批判，描述了当代资本主义社会景观技术的异化表现，揭露了技术成为资本增殖工具的实质，探讨了通过"漂移""异轨""构境"解构日常生活来破解景观技术统治的道路。德波的景观社会的思想近些年受到了国内学者的重视，学者仰海峰②将马克思商品社会批判、景观社会批判和符号社会批判三者间的逻辑发展进行了深入分析，并将德波的景观社会批判归到西方马克思主义尤其是卢卡奇（Lukács）的批判逻辑下进行展开，体现了西方马克思主义向后马克思主义的转向，这里所论述的景观技术多是从电子媒介的角度去分析与探讨的。学者王梅芳和刘华鱼③则是从传播学的角度研究景观社会中的视觉传播化统治问题，并认为德波触及了新闻伦理

① 刘昕亭. 齐泽克的凝视理论与电影凝视的重构 [J]. 文艺研究，2018（02）：97-107.

② 仰海峰. 德波与景观社会批判 [J]. 哲学研究，2008（10）：9-16.

③ 王梅芳，刘华鱼. 景观社会：一种视觉传播化的统治 [J]. 当代传媒，2017（03）：30-32+61.

学的根本问题。学者张一兵①则是对德波的《景观社会》进行了文本解读，提出了景观技术与权利、景观技术与时间以及景观技术与意识形态的关系问题，并对居伊·德波景观批判理论的历史生成线索进行了梳理，对资本主义制度下的景观技术做了初步的研究并取得了较为丰富的成果。刘扬②认为，媒介技术的高度发达形成发达的视听工业，电子技术的发达伴随着技术理性浸入媒介传播领域，媒介技术的传播对文化及社会都会产生非常重要的影响，因此对大众媒介立场与身份及社会作用的分析变得十分必要。德波的景观社会理论对媒介营造出的景观幻象进行了检视和阐释，立足于媒介本身揭示了景观社会的形成并分析资本主义如何与政治权力相结合和相互影响。但是目前国内学者尚未有从技术哲学的角度对德波的思想加以分析。本书尝试将居伊德波的思想带入技术哲学的视域中加以审视，并对居伊·德波的景观（技术）思想加以技术哲学批判视角的解读，探究其中隐而不显的社会性技术思想。

第二，"符号"的媒介技术思想。

王永志③认为鲍德里亚看到了媒介传播技术对现实产生的影响，他对于后现代媒介剖析进行了敏锐地观察和犀利地分析，大众媒介作为技术与传播的结合，对国家和世界的政治、经济和文化都造成了强烈的震动，使得媒介与社会之间的作用愈来愈复杂。鲍德里亚的后现代媒介理论提供了"拟真""超真实"和"内爆"等丰富的概念，这些概念在对现实进行有力批判的同时也说明和阐释了大众媒介造成的后果。网络等电子媒介在营造出媒体快感的同时也提供了致命科技的背景，鲍德里

---

① 张一兵. 文本的深度耕犁：后马克思思潮哲学文本解读 [M]. 北京：中国人民大学出版社，2008：77-140.

② 刘扬. 景观社会的媒介立场 [J]. 宁夏大学学报（人文社会科学版），2008（01）：167-173.

③ 王志永. 鲍德里亚的后现代媒介思想述评 [J]. 新闻界，2007（02）：24-25，13.

亚对这种背景的讨论展示了媒介技术发展下的阴影部分，揭示了后现代文化打造的虚假世界和其对真实世界的挑战。袁文卓①通过鲍德里亚对电视媒介的批判和考察，解读其后现代媒介技术思想维度，在信息科技高速发展的背景条件下，信息传递的方式更加便捷，人类真正进入了全球一体化的时代，交往的便捷使国家之间、地区之间、民族之间、人与人之间打破了界限。作者以电视媒体的信息传播方式为例，电视实时的图像技术给受众带来身临其境的感受，电视媒体的产生给大众的生活带来诸多便利，为媒介传播手段和方式带来深刻的影响与变革。鲍德里亚看到电视媒体给大众带来的便利和享受，也看到了以电视为代表的符号媒介在媒介传播过程中对作为社会主体的大众的自我和自我批判意识的戕害，而人们对电视媒体的反馈和抵抗即成为沉默的大多数，甚至鲍德里亚在后期的学术思想中也直接批评和揭露了电视是权力运作的主体。

第三，"话语"媒介技术思想。

学者徐桂权和陈一鸣②在研究拉克劳和墨菲的媒介技术时关注的是其话语分析理论，并认为话语分析理论是国内传播研究中常用的分析方法之一，以语言学为角度和视域的话语分析和批判是话语分析的主流，还有很多文章仅仅把话语分析作为一种技术操作工具和分析方法，而对其背后丰富的理论意义缺乏深入的理解。近些年来，随着学术界对后马克思主义领域的关注，后马克思主义政治学派——埃塞克斯学派也逐渐成为学者们的研究对象。埃塞克斯学派正是以哲学家拉克劳和墨菲的话语理论为核心发展出的学派，他们把话语分析方法应用到社会科学领域的研究中，尤其是欧洲传播研究领域的话语分析，为国内的传播领域的

---

① 袁文卓. 让·鲍德里亚及其后现代媒介思想 [J]. 学习与实践, 2017 (07): 126-133.

② 徐桂权, 陈一鸣. 后马克思主义视野下的媒介话语分析: 拉克劳与墨菲话语理论的传播适用性 [J]. 新闻与传播研究, 2020, 27 (02): 42-57, 126-127.

分析思路开阔了视野、提供了新的视角。二位学者对话语理论的代表思想包括社会本体论、政治认同理论和激进民主理论进行了阐释与解读，对媒介传播领域的话语分析逻辑进行了评述，为国内媒体话语研究的理论和方法论开阔了视野，并寻找话语理论在传播领域的适用范围与条件，为本地传播研究打开了新思路。

第四，"赛博空间"和"电影"媒介技术思想。

学者何李新①认为齐泽克将拉康的精神分析方法广泛应用于对电影、电视、网络等电子媒介及其影响下的大众文化的阐释理解之中，创造了其独特的精神分析哲学，力图在后现代、后结构主义消解一切的时代找寻回社会主体的批判精神与反思意识。综合来看，电影是其文化批评实践的重要一环，但齐泽克后期的著作对网络等电子媒介现象及其相关议题的关注正在逐步取代其对电影的关注。他在著作中运用赛博空间、虚拟现实等概念对网络等电子媒介创造的虚拟世界输出了大量深刻而新颖的思想。这并不是说齐泽克由于学术兴趣的转移而转移了学术关注的对象，而是他看到了媒介技术的发展对社会深刻的变革作用，是他敏锐观察到网络等新兴的电子媒介对当前社会的剧烈影响而做出的重要判断。齐泽克在文集《真实世界的面孔》中，特意用两篇与网络空间相关的思想叙述作为结语。这种安排也许并非偶然，或者说，他可能已经意识到处于电影等机械复制的时代正在逐渐被 20 世纪开始兴起的网络等新电子媒介超越和取代。这一改变不仅影响了认知科学技术领域的逻辑演进，网络所形成的赛博空间还前所未有地介入到政治、经济、文化领域和人们的日常生活，赛博空间改变并重新塑造了人与自我、自我与他人以及世界的关系。

---

① 何李新. 齐泽克的赛博空间批判［J］. 外国文学，2014（02）：135-142，160.

戴宇辰①则在齐泽克赛博空间的虚拟世界视角下探讨当代媒介理论中的逻辑演进，对齐泽克的赛博空间批判思想进行了系统介绍和梳理。齐泽克与以往典型的媒体技术决定论者的不同之处在于，齐泽克认为，赛博空间的兴起使社会主体的大众生活处在大他者退隐的背景下，没有发挥主人作用的大他者来保障个体的行为与处事准则了。齐泽克认为，一旦主人的功能衰退，就没有人能告诉主体真正想要什么，那么主体的选择就不再是有效的选择，而主体承担了大他者代理人的角色，因此选择的重担就落入了拉康所说的深度桎梏之中，在上帝已经死了的情况下，人们失去了行事的参照和标准，一切都不被允许。

1.3.3　文献分析与评价

通过对后马克思主义、媒介理论、后马克思主义的媒介理论的梳理，我们发现：国内外对后马克思主义的媒介思想的研究，视角新颖、视野开阔、内容丰富，充分挖掘和阐释了后马克思主义技术观及其相关理论的丰富内涵，为学界进一步研究相关主题奠定了坚实的文献资料基础。具体来看，国外对后马克思主义的研究要比国内早，国外学者主要表现为不同哲学流派的研究，最早后马克思主义的提出遭到了学界的批判，接着西方越来越多的学者开始注意到后马克思主义的价值和创造性，再到越来越多的学者加入了后马克思主义的阵营。21世纪后马克思主义迎来了发展的高潮，而其话语理论更是在与媒介思想的结合中迸发出了新的光芒。相比较于国外学者的研究，国内更多的是从后马克思主义的定义开始，从后马克思主义的范围到后马克思主义的问题域再到深入后马克思主义的思想。随着深入的研究，形成了一套关于后马克思

① 戴宇辰.“上帝死了，一切都不被允许”：齐泽克的赛博空间批判［J］.文艺理论研究，2019，39（05）：198-208.

主义思想的研究成果。毫无疑问，国内外对后马克思主义技术与人学理论的研究取得了丰硕的研究成果，不仅深化了对后马克思主义媒介技术思想的认识，同时也为反思现代性社会中媒介技术的进步和社会的发展提供了重要启示。然而，国内外的相关研究也存在着一些问题，主要表现在以下几个方面：

第一，对后马克思主义媒介技术思想有待进一步深化。鲍德里亚、马尔库塞（Marcuse）、哈贝马斯（Habermas）、弗洛姆（Fromm）、海德格尔（Heidegger）、雅斯贝尔斯（Jaspers）等国外学者对技术与社会的关系进行了阐述，阐释了技术异化对人所造成的影响，由此可以看到媒介技术异化的可能。总体来看，这些哲学家都是从资本主义现代性社会出发的，虽然比较深刻地分析了技术的发展对人和社会所造成的影响，但是他们的观点又往往没有跳出资本主义社会制度的框架，也就是没能够找到一条真正扬弃技术异化、实现人类社会发展的解决办法。国内学者王平、李明等主张从现代性和意识形态的视角来分析后马克思主义的思想。王平认为，后马克思主义哲学语境是在大的现代性与后现代背景中展开的问题，社会的问题必须同现代性问题一同考虑，这样，后马克思主义的问题才有可能成为哲学中的核心问题。① 虽然国内学者提出了从现代性和意识形态的角度去理解后马克思主义进而理解其媒介技术的道路，也有一部分研究成果的问世，但是从目前来看，系统完整地去研究后马克思主义的媒介技术思想的成果较少，从媒介技术的角度出发自觉地将媒介技术作为哲学反思的主要对象的后马克思主义的成果还寥寥无几。

第二，对后马克思主义的媒介思想的总体把握有待进一步深化。国外后马克思主义的研究者已经开始关注后马克思主义某些学者的媒介思

---

① 王平. 后马克思主义的现代性反思及其对建构和谐社会的启示［M］. 北京：学习出版社，2014.

想，技术和媒介技术等思想也在当代哲学语境中具有了一定的位置，但是针对后马克思主义整体的媒介思想的论述还不是很多。一方面是由于技术和媒介技术思想在后马克思主义的文献中没有得到中心化的讨论，另一方面是媒介思想理论需要跨学科的研究与重视，因此需要从更多的跨专业学者的视角给予关注。总体上来说，西方学者已经开始关注后马克思主义学者中的媒介思想并用其思想对现实进行批判。而国内学者更多的还是在讨论文本和发掘后马克思主义思想的来源，并未从整体上对后马克思主义中的媒介思想领域给予足够关注。

第三，从马克思主义的角度对后马克思主义中的具体思想的反思与实践有待进一步深化。国外学者对后马克思主义中的原创性理论已经开始进入反思并应用其理论对现实问题进行分析。无论是对其理论的批判还是对其原创性的肯定，西方学者已经开始了对其理论的反思与实践。国内的学者虽然也分析了其媒介技术与人的解放的关系，但是也还有许多地方需要进一步研究。尤其是要从以下几个方面入手：其一，在中国马克思主义思想的语境中去理解马克思主义媒介技术与后马克思主义媒介技术的关系，从人的生存发展、社会的异化现实、人的异化扬弃等多方面剖析人在资本主义中的状况，最后理清后马克思主义的媒介技术思想与当代马克思主义媒介技术思想的关系。其二，着重分析后马克思主义媒介技术与人的解放的关系，因为后马克思主义对资本主义社会的分析本质上就是从资本主义后现代的方面入手的。同时，媒介技术是后现代的重要内涵，因此在后现代性中剖析技术的发展十分重要。其三，对后马克思主义内部理论的研究不应停留在介绍和解释的文本学解读上，而是要在对其理论进行反思的基础上应用于实践，任何一门理论都要经过实践的检验才能更好地看到其理论价值与实际的问题。

第四，对后马克思主义的媒介技术思想与人类文明前景的研究还有待进一步深化。从国外的研究来看，西方学者对扬弃技术异化开出了自己的"药方",从而解决了人类社会发展的困境。例如:马尔库塞最后走向了技术的美学化,在他看来要打破技术对人的统治需要通过审美的形式进行改造,从而实现人的社会存在方式的变革;哈贝马斯则通过交往行为理论,尝试通过商谈伦理学来建立世界公民社会,从而为人类社会的发展指引方向;弗洛姆认为,应该通过健全社会的建立来克服资本主义技术发展所带来的弊端。不难发现,这些西方学者都是站在资本主义的立场上提出人类发展解决方案的,虽然他们所提供的人类发展的解决方案具有启示意义,但是这些目标都是乌托邦性质的。时代在前进,技术在发展,传统的技术已经不能满足人类社会前进的步伐了,在新技术发展的背景下,人类社会文明何去何从值得思考。毋庸置疑,马克思主义哲学的价值归宿是为了实现共产主义社会,也就是以共产主义文明为奋斗方向,而后马克思主义与马克思主义在多大程度上继承了这一传统还有待我们去探究和解释,而这一理论又能为我们实现社会主义发展带来多少阶段性的方法与思路也需要我们去不断地探索。一直以来,人类社会文明的发展都以西方社会为主导,从本质上看,这种建立在资本主义私有制和不平等发展基础上的西方文明是异化的。我们可以看到,西方文明危机的出现,严重影响到了人类社会的不断进步。诸如经济危机频繁发生、贫富差距不断扩大化、金融危机不断深化、恐怖事件频发、自然资源枯竭、环境随着经济发展持续恶化等都制约着人类文明的发展,而新的技术时代,诸如互联网、大数据、算法、人工智能等都带有普遍的信息化倾向,这些本身就是一种媒介文明的标志。社会主义国家如果能抓住新技术时代的发展机遇,必将为人类新文明的进步注入动力,从而真正为实现马克思主义哲学语境中的人类文明奠定坚实的基础。总的来说,某种程度上后马克思主义对媒介技术的研究不但体现了马克思主义的思想和价值追求,而且在针对媒介技术的整体反思上具有独到的见解和特征,这就使得挖掘后马克思主义媒介技术思想显得十分有意义和必要。

1.3.4 研究未来展望

通过对后马克思主义媒介技术理论国内外研究动态的梳理和评析，本书在今后的研究工作中应从以下几个方面展开：其一，全面系统地对后马克思主义的媒介技术思想进行阐释。要在马克思主义和西方哲学中对媒介技术与社会的关系进行全面性、有逻辑性的梳理，突出后马克思主义媒介技术在社会批判中的重要地位。其二，在现代性与后现代性的思想中论述媒介技术的发展以及人的生存状况。尤其是通过历史辩证法分析媒介技术的积极性和消极性，进而在对资本主义当下的批判中彰显后马克思主义媒介技术思想的人文关怀。同时也要通过对西方现代媒介技术观的分析，凸显后马克思主义对资本现代性技术分析的独到性和深刻性。其三，要在后马克思主义哲学思想发展变化的过程中、在整个西方媒介观的发展演变过程中、在后马克思主义媒介观历时性变化的过程中，深刻挖掘媒介技术与社会的内在逻辑关系。也就是说，要动态剖析马克思主义文本中媒介技术与社会的内在关系，进而理解后马克思主义媒介技术思想对社会批判和构建的全面性、深刻性。其四，论文还要分析后马克思主义媒介技术思想的理论对当代中国特色社会主义媒介技术观具有哪些启示，从马克思主义角度探索如何在后马克思主义媒介技术思想的理论中为当代中国发展以人为本、社会和谐的媒介技术提供价值导向，从而为中华民族伟大复兴和人的全面发展奠定坚实的理论与物质基础。其五，要充分思考新的媒介技术观与人类新文明的关系。以往的人类文明都是以西方为主导的，而新的人类文明则是中国提出的构建人类命运共同体，后马克思主义媒介技术思想的理论价值与新的技术观的发展为思考人类新文明的何去何从提供了重要启示。总之，应该拓展后马克思主义技术思想的研究视野，深刻挖掘现代性视域中媒介技术的发展，并思考中国特色现代性和新媒介技术发展的内在关系，从而为中华民族伟大复兴和人类文明的不断前进提供理论指导和价值指引。

1.4 研究任务、思路及方法

1.4.1 研究任务

本书的研究任务是基于后马克思主义哲学探讨媒介技术问题的思考，亦即在后马克思主义哲学的文献中梳理分离与媒介技术有关的内容，并分类整理解说，从马克思主义哲学的角度审视评价这一媒介技术哲学。本书第一个任务就是要找到确定文本范围的方法，因为后马克思主义的相关论文浩若烟海，因此第一个任务目标就是如何在媒介技术的定义域下找到确定文本是在谈论"媒介技术"的方法。第二个任务就是要解决如何分析文本的问题，要单独对文本内容进行考察，搞清楚文本到底说的是什么。第三个任务就是基于后马克思主义哲学来整合文本所表达的内容，在第二个任务目标实现的基础上，取出其中的合理部分，构成一套后马克思主义解释和看待"媒介技术"问题的理论体系。第四个任务是从马克思主义哲学的角度分析评价后马克思主义媒介技术思想。作者认为，该理论体系作为后马克思主义媒介技术思想概括总结的模型最为得体。

1.4.2 研究思路

本书站在技术哲学的立场，以西方哲学、媒介环境学、马克思主义哲学、技术哲学的视角来研究后马克思主义媒介技术思想。文章的基本思路是，基于后马克思主义哲学家对于"媒介技术"的理解，挑选文本进行解释学的解读，结合媒介环境学和后马克思主义哲学对后马克思主义媒介技术哲学思想进行系统的概括整理。

首先，需要确定后马克思主义关于"媒介技术"问题的文本。第一步需要思考"后马克思主义"和"媒介技术"的定义与界定，对这些词的含义进行澄清和确定，从而确定"媒介技术"在后马克思主义中的研究领域与内涵。第二步需要依据后马克思主义哲学的特点，思考筛选文本的方法，从而清楚其在哪里谈到了"媒介技术"。第三步，确定了明确谈论"媒介技术"的文本范围后对文本进行解释学的解读，这需要依赖大量的后马克思主义著作文献，也需参考目前学者对后马克思主义媒介技术思想所进行的相关研究，把握后马克思主义各个阶段媒介技术思想的文本以及重点问题。

其次，需要联系后马克思主义哲学理论与方法，分析与阐释后马克思主义的媒介技术哲学思想。后马克思主义哲学是判断文本解读是否有效的重要依据，文本解读如果与后马克思主义哲学体系相融洽，那么就可以得到认可（至少没有理由质疑）；如果与后马克思主义哲学理论或传统相矛盾，那么该解读就无效；如果解读与后马克思主义哲学理论并不排斥也无联系，那么就可以认为是个别哲学家或个别著作所表达出的媒介技术思想，具有独特性，分析其与其他后马克思主义"媒介技术"思想的联系。

最后，从马克思主义哲学理论的视角出发来探讨后马克思主义媒介技术与社会的内在关系，从而分析评价并拓展后马克思主义哲学研究的广度与内涵。在后马克思主义研究中，社会的存在方式、人的生存境遇、异化现实和发展前景，媒介技术对于社会上述存在状态是以什么样的方式体现出来的，这需要在后马克思主义的媒介技术思想中予以深刻阐释。后马克思主义的媒介技术思想始终是围绕着社会而进行展开的，对二者之间的关系，论文从问题转向、生存关怀、现实反思、价值指向和未来观照等理论关切点出发，在后马克思主义媒介技术思想与社会发展的逻辑互嵌中深化对全书主题的研究。具体而言，全书主要包括绪论、正文和结语等七个部分，具体研究思路如下：

第一、二部分解释了选题的背景和意义，并讨论了后马克思主义思潮所处的时代背景与理论背景，将媒介技术进行技术哲学上的讨论与定义，并对前人的研究进行综述，借此理清研究思路、确立研究框架、凝练文章创新。第三部分分析后马克思主义前期的代表人物居伊·德波的景观社会，以及鲍德里亚的符号理论与拟像理论框架下的媒介技术思想、影响及其理论倾向。第四部分的后马克思主义者拉克劳和墨菲受到20 世纪的西方哲学语言学转向的影响，其话语理论视域下的媒介技术思想是对马克思主义意识形态斗争理论的回应，媒介技术更体现为话语理论中对意识形态的霸权争夺。第五部分为后马克思主义后期的学者齐泽克的媒介技术思想，齐泽克以精神分析的视角看待当今的媒介技术，探讨了媒介技术对当下生活的监控及其与意识形态之间的关系，并深入探讨了电影媒介技术与意识形态和数字媒介构建的赛博空间与虚拟生活等问题。第六部分作为研究整体的后马克思主义思潮中媒介技术思想的总结，从技术哲学的观点分析媒介技术思想并梳理其理论发展逻辑。最后一部分进行当代马克思主义媒介技术思想的比较，并从马克思主义理论角度对后马克思主义媒介技术思想进行反思与批判，力图挖掘其理论价值，认清理论缺陷和不足，以期为当代中国的媒介技术研究提供思路与借鉴。

1.4.3 研究方法

首先，文本解读法。本书的研究主要立足于后马克思主义经典文本，通过对文献资料的分析，对后马克思主义、后马克思主义媒介思想理论、话语理论等核心概念进行系统归纳与总结。在此基础上，通过后马克思主义媒介技术思想和社会的不断发展变化，分析后马克思主义哲学思想在不同发展阶段中媒介技术与社会发展的内在关系。立足于后马克思主义的经典文本，把握后马克思主义媒介技术思想的真实内涵，真正做到科学把握和理解本论题的内涵，从而深化对后马克思主义哲学思想的研究。

其次，逻辑与历史相统一的方法。在后马克思主义的哲学思想中，后马克思主义对媒介技术问题的论述在不同的发展阶段有着不同的看法，同样，媒介对应的语境的理解也在其哲学思想的不同发展阶段有所不同。也就是说，要在后马克思主义哲学思想的历时性变化中深刻剖析媒介技术、社会等概念。在此基础上，要深入分析后马克思主义媒介思想理论的内在逻辑关系，这样才能深化本选题的研究。因此，只有坚持历史与逻辑相结合的方法，才能深化对论文主题的研究。

再次，概念含义分析法。这是对于本研究的一些基础性概念采取的分析方法。为实现解释的合理可靠，一些术语如"技术""媒介"等，它们对应的语词和汉语不同，且字典给予的解释过于笼统，因此在这些概念的阐释上，采用了分析词根、词性，考察词汇形成历史，以及用法、语境等的方法，基于这种分析方法再给予这些概念更加明晰确切的含义阐释。

最后，比较研究法。本文所采用的比较研究法主要体现在以下几个层面：其一，后马克思主义媒介技术思想与社会状态在其不同发展阶段的比较，突出显示马克思主义哲学思想的变化历程，不同哲学思想的发展历程使得媒介技术观、社会存在状态的内涵不同，进而为总结、归纳、梳理后马克思主义媒介技术思想奠定了基础；其二，为了拓展论文研究的视野，凸显强烈的问题意识，可以借助海德格尔、马尔库塞、马克思、哈贝马斯等哲学家的技术思想与后马克思主义媒介技术思想的不同向度的理论内涵进行解释学对比分析，并为构建当今社会技术的进步与人的发展的和谐关系提供价值指引。

1.5 创新点

第一，从技术哲学视角对后马克思主义媒介技术思想进行系统研究。毋庸讳言，对后马克思主义的研究学界已经取得了丰硕的研究成果，研究的视野开阔、内容丰富。虽然学界提出了应该从媒介技术理论的角度来深刻剖析后马克思主义的技术观，但是系统全面地阐释后马克思主义媒介技术思想还有待进一步挖掘。众所周知，后马克思主义是对资本主义经济社会发展状况的重要反映，但后马克思主义对媒介技术的思考和论述始终是围绕着现实社会而展开的。也就是说，资本主义社会中媒介技术的发展并不是独立存在的，而是有了对社会和人的思考，进而才使得后马克思主义著作中的媒介技术有了更深刻的哲学内涵。因此，在学界关于对媒介技术与社会现有研究的基础上，进一步思考后马克思主义媒介思想，这是十分必要且需要面对的。正是在这个意义上，论文从文本出发，在后马克思主义的著作中深化对后马克思主义媒介技术思想的研究。

第二，将后马克思主义媒介技术发展的不同侧面与社会在资本主义中的不同发展状况相结合，深刻揭示二者之间的内在逻辑关系，从而深化对后马克思主义媒介技术思想的剖析。具体来看，媒介技术的实践与社会存在方式、媒介技术的异化与人的生存境遇、媒介技术的批判与资本逻辑阐释、媒介技术的价值与人的全面发展、媒介技术的进步与社会的发展前景，始终都是围绕着社会发展过程中所处的不同状态而展开的。需要指出的是，对后马克思主义媒介技术与社会的关系的思考，并不是跳跃式展开的，而是通过执果索因的方式分析其存在的原因，最终对媒介技术的思考是要挖掘后马克思主义批判地审视资本主义社会的独特视域，从而为当今社会处理好媒介技术的发展和人类社会的进步提供重要启示。也就是说，以强烈的问题意识为出发点，通过研究问题意识的创新来继续推动后马克思主义媒介技术思想的研究，这才能充分彰显后马克思主义媒介技术思想的当代价值。

第三，全书在研究过程中某些观点的可能性创新。归纳起来，这些观点主要表现在以下几个层面：其一，全面梳理后马克思主义媒介技术思想，阐述后马克思主义媒介思想是一种在怎样的社会和语境中的思想，并从技术哲学的视域下进行一定程度的反思。其二，对后马克思主义媒介技术与社会发展关系的研究，要与当今西方马克思主义媒介技术哲学进行对比研究。本书主张从整体性的视角看待后马克思主义媒介技术与社会发展的关系。其三，论文也尝试总结后马克思主义媒介技术思想的发展逻辑，提出了从"外向内"的发展之路。其四，看到了媒介技术的发展与现代性的关系，并试图说明媒介思想的危险性。技术是现代性的重要内涵，西方的现代性思想促进了技术的发展和进步，但对人类的危险也更加凸显。受这一思想的影响，后马克思主义者持有媒介价值负荷论的态度，并试图说明在资本主义背景下的媒介技术都具有控制社会为资本服务的危害性特征。

1.6　概念界定

1.6.1　后马克思主义

学术界普遍认为，传统的西方马克思主义始于卢卡奇、柯尔施

（Korsch）、葛兰西（Gramsci）、布洛赫（Bloch），终止于阿尔都塞（Althusser）。西方马克思主义从 20 世纪 70 年代开始转向后现代主义，而后马克思主义正是在西方马克思主义向后现代、后结构主义发生转向的过程中形成的一种思潮。

虽然国内学者接触后马克思主义这一概念最早可以追溯到 20 世纪 90 年代，但对后马克思主义的研究则要到 2000 年以后才逐渐开始兴起并愈来愈被学界认可，最终形成研究热点和潮流。南京大学的张一兵等学者最早开始对西方马克思主义之后的国外马克思主义的发展和演进逻辑方面的研究，并提出了后马克思主义思潮、后现代马克思主义和晚期马克思主义三个新概念，并对其进行了区分与甄别。这三者指向当代国外马克思主义思潮中的三种理论倾向，他们把后马克思主义看作后现代马克思主义中的一个思潮和派别，这样的划分方式在学界引起了热烈的讨论，很多学者并不认同这种划分方式。学者胡大平认为，关于马克思主义之后的马克思主义的发展及其可能性作为与政治密切相关的思想，是第二国际的一部分或者说二者有重合的部分，在马克思主义发展传播史中，关于马克思主义之后的马克思主义的发展是应当从属于后马克思主义的。拉克劳与墨菲的《文化霸权和社会主义的战略》一书的出版对 20 世纪 80 年代之后的西方世界产生了重要的影响，是激进左派重要的思想来源。胡大平认为福柯（Foucault）、德勒兹（Deleuze）甚至高兹（Gorz）等后马克思主义思潮的一众代表从小写的马克思主义角度来看都应当被划入广泛的后马克思主义。[①] 学者张一兵和胡大平在 2002 年末的学术研讨会之后以笔谈文章的方式对二人在后马克思主义概念辨析的出发点和争议进行了探讨与对话，[②] 他们最主要的分歧在于划分标

---

① 胡大平. 作为批判的后马克思主义话语及其对中国的启示 [J]. 求是学刊, 2001 (04): 19-21.

② 张一兵. 后马克思思潮不是马克思主义 [J]. 南京大学学报, 2003 (02): 11-14.

准上。张一兵在概念划分时更倾向于逻辑优先，他是从理论逻辑发展的角度进行划分的，而胡大平则倾向于将逻辑与左派斗争的历史结合起来进行划分，是结合了理论逻辑和理论对现实的影响进行划分的。① 辩证地看，张一兵与胡大平两人的分歧主要源于理论视角的不同，张一兵更多的是从后马克思主义的理论起源即西方马克思主义的角度和后马克思主义与后现代马克思主义理论的相似性出发；而胡大平先生则立足于后马克思主义的视域，把后马克思主义的理论与政治历史实践相结合，更倾向于分析后马克思主义理论指导下的政治对立。

　　从近年来国内的整体研究形势来看，胡大平所倡导的观点似乎得到了更多学者的肯定。胡大平认为，虽然对后马克思主义的边界与定义仍有争议，但后马克思主义是一种与现实更贴近的理论，后马克思主义倾向于左派的社会斗争运动，是政治上激进民主主张的支持者，这种现实价值不可估量，这些倾向都是建立在对现代性批判之上的。从后马克思主义对现实实践的影响来看，针对资本主义条件下的社会主义如何作为资本主义的替代品而存在以及马克思主义的崛起问题是后马克思主义的核心议题和重要主旨，后马克思主义是对现实社会主义，主要是 20 世纪 50 年代对斯大林思想的批判以及对东欧变革的失败的理论总结。在20 世纪 70 年代西方左派转型的背景下，虽然这些思想家们关注到了马克思主义的缺位，并试图与马克思主义进行对话，但"在总体上并非现代性批判逻辑逆转的直接结果，而是因为在寻求新的政治战略中它不能回避对资本主义的批判"②。思想家们认为他们提出的激进民主政治思想来源于马克思，他们的思想和主张的社会主义运动在社会实践中遭遇很大的阻力并受到资本主义的打压，他们寄希望于建立一种在现实中

---

① 胡大平. 马克思主义之后 [J]. 南京大学学报，2003 (02)：14-18.
② 胡大平. 后马克思主义思潮的批判性探讨 [J]. 现代哲学，2004 (01)：33-41+51.

更容易实现的新马克思主义以替代激进的革命形势，意图以占领马克思主义话语权的方式逐步取代资本主义，成为新的民主社会形式。

孔明安认为，广义的后马克思主义是建立在西方后结构主义、解构主义哲学的基础之上的，是一种在对马克思主义分析研究基础上进行批判的西方哲学领域的社会新思潮，这一思潮的主要代表人物包括德里达、福柯、鲍德里亚、利奥塔（Lyotard）等人。而狭义的后马克思主义特指拉克劳和墨菲在20世纪80年代前后提出的激进民主政治理论及其相关思想。① 文章以最广泛意义上的后马克思主义为基础，选取这一思潮在媒体技术理论方面具有代表性的后马克思主义者进行理论分析梳理，力图对这一学派的媒体技术思想形成一个整体的研究。

1.6.2 媒介与技术

在中国古文中，"媒介"一词最早见于《春秋左传正义·桓公三年》的"会于嬴，成昏于齐也"一句。后人为此句的注解是：公不由媒介，自与齐侯会而成昏，非礼也。桓公没有通过媒介而跟齐侯相见一直谈到黄昏，这不符合礼法。在《旧唐书·张行成传》中也提到了"媒介"："观古今用人，必因媒介。""媒介"在此处指的是使双方发生关联的事或人。

"媒"在先秦时期特指媒人，《诗·卫风·氓》有云："匪我愆期，子无良媒。"后来"媒"才被引申为事物发生的诱因。《文中子·魏相》有道是"见誉而喜者，佞之媒也"。而"介"主要是指在两者之间的中介物或工具，同时也指在两者或两者以上之间起到连接作用的人或事。

通常意义上，我们认为媒介是在媒体与信息接收对象之间起到信息

---

① 孔明安．"后马克思主义"研究及其理论规定［J］．哲学动态，2004（02）：26-30.

桥梁、中介作用的工具。在现代社会，传播信息的媒介包括书籍、报纸、杂志、无线电、电视和互联网等，是一种向大众传播消息、影响大众意见的传播工具。

媒介在传播学意义上主要指在媒质存储和传播信息过程中使用的物质工具。施拉姆（Schramm）是美国著名的传播学专家，他认为媒介是在信息传播过程中能够扩大信息传播范围或帮助信息传播的工具，媒介是中间起介绍作用的信息桥梁，就像中介一样，只是把发布媒体的对象和媒体本身联系起来。传统的媒介包括两方面要素：一种是携带信息的物品或器具，既包括实在的信息又包括电子信息，包括图书、图像类的照片、胶片、磁带、录像带、光盘、U 盘等；另一种则是以传播信息为目的的设备、社会机制及组织形式，包括双向的通信类和单向的传播类。双向的通信类比如电话、电报、传真、电子邮件、视频电话等，单向的传播类比如报纸、电波、电视等，而网络是双向通信和单向传播两种功能兼具。

陈昌曙认为技术概念可以分为广义技术与狭义技术。狭义技术一般特指人与自然关系的技术，也就是我们通常意义上所理解的技术，狭义技术被称为自然技术。广义技术包括自然科学技术，也包括社会领域与技术相关的技术，指在所有人类活动中有效的方法的总体，不仅包括自然科学技术，还包括社会领域的技术。

英国著名的文化理论家和马克思主义思想家雷蒙·威廉斯（Raymond Henry Williams）在《关键词：文化与社会的词汇》一书中对技术的媒介进行了说明，媒介不仅可以理解为一种物质形式，还可以理解为依附物质形式、表达信息的符号系统。

随着历史研究的"语言学转向"和技术史的"文化转向"，部分历史学家把语言看作是理解社会文化的工具。他们的实践"指派给语言或话语一种关键地位，但并不是作为对社会现实的一种代替品，而是作为对社会现实的一种指导"①。他们承认社会结构与历程的存在，但必须在语言中理解。语言不但有交流的作用，还有构建和反映的作用。学者们谋求通过语言、图像和其他象征符号等重建表现为表象斗争过程的文化实践，或如年鉴学派第四代罗杰·夏蒂埃（Roger Chartier）所倡导的，通过人们形成的集体表象重构对社会的理解，通过文化史重构社会史。这表明历史学家已把语言扩展为表象并引入了广泛的新社会理论。

1.6.3　媒介技术

关于媒介技术的定义不同学派和不同的学者存在差异：芝加哥学派发现了媒介的力量，进而注意到媒介技术在人类社会中的作用。但是由于其学派只是关注媒介的整体作用，缺乏关于媒介的具体阐释，更加缺少对于媒介本质的深度理解，美国学者查尔斯·库利（Charles Horton Cooley）作为传播学的先驱对媒介技术做出了定义与界定，认为媒介技术包括所有能把思想或情感传送给人的方式，包括眼神、手势、书信、印刷、电话、电报、录像及一切艺术和科学传播信息与情感的手段，媒介技术是"人类关系赖以存在和发展的手段，即头脑中的所有信号，以及穿越空间传送它们和在时间中保存它们的手段"。

可以看到，传统传播学意义上的媒介技术表达更多的是具备传播与存储等功能的人工物或身体技术。传播学的批判学派则对媒介技术提出了不同的理解，他们认为媒介技术有归属或所有权的问题，或者说谁控制或拥有媒介技术的所有权就能够影响意识形态，尤其是一些政治与经济组织在掌握媒介技术的同时，在对媒介传播内容的产生、传播、获得上发挥着重要的作用。在资本主义社会，媒介技术为资本与权力所控

---

① 伊格尔斯．二十世纪的历史学：从科学的客观性到后现代的挑战［M］．何兆武，译．沈阳：辽宁教育出版社，2003：146.

制，资本或统治者为了维护统治或资本的优势地位、攫取剩余价值，利用媒介技术输出有利于自身地位的文化或意识形态。因此，在批判学派的眼中，媒介技术作为政治和意识形态的重要传播载体并不是一种中立的工具，而是有意识形态倾向的或者说受意识形态影响的，是有政治倾向性的，媒介技术的本质是经济政治和意识形态的控制工具。而"泛媒介论"则对媒介技术的定义更加宽泛，其认为媒介技术不局限于技术与物质，比如媒介学者麦克卢汉认为，凡是人为的都是媒介技术。从"泛媒介论"的角度来看，媒介技术不只是传统意义上传播、媒介的技术，媒介技术与文化有了更多的重合。

胡翌霖提出的"媒介存在论"是以存在主义哲学为视域的媒介技术本体论研究。存在主义的媒介技术研究人与媒介技术之间的相互作用、影响和结果，其造成的结果既包括媒介技术的存在也包括人的存在，媒介技术的存在与人的存在二者是相互成就、彼此影响、彼此造就的。由于传播模式的不同导致接受能力的不同，进而影响人的存在状态。同时，人的目的性也会对媒介技术本身造成影响，这对媒介技术的存在状态有决定作用。

媒介学者麦克卢汉认为，媒介技术的定义非常宽泛，其超出了技术与物质的界限，也就是说所有人为的都是媒介技术。其泛媒介论的定义范围内，媒介技术与技术、文化彼此重合。本书中所论述的媒介技术是从宽泛意义上在一切人类活动中作为信息传输的行之有效的方法的整体。本书中的媒介技术不仅包括媒体、网络等一系列的媒介技术物质工具，还包括语言、话语、符号和图像等作为媒介技术产物的文化工具，也包括在"泛媒介论"的基础上把媒介技术本身理解为一种意识形态。

第 2 章

后马克思主义媒介技术思想的背景

后马克思主义的媒介技术思想是后马克思主义中关于媒介技术部分的思想与论述，可以说后马克思主义的媒介技术思想的背景同时也是后马克思主义的产生背景，后马克思主义是在把资本主义与社会主义国家在发展过程中出现的新变化、新问题置于马克思主义与后现代主义的双重视域下，通过运用马克思主义、后现代主义、后结构主义的思想理论研究社会问题的理论倾向，它的产生有其特殊的时代背景和理论背景。

2.1 后马克思主义媒介技术思想的时代背景与现实问题

20 世纪发生在捷克斯洛伐克的"布拉格之春"和巴黎的"五月风暴"运动的社会主义实践给当时的社会和思想家们带来了巨大的影响和思想冲击，促进学者们对马克思主义和社会主义产生了新的思想，导致了后马克思主义的诞生。

后马克思主义的产生正是基于对这样的运动浪潮的反思和对未来国家出路的思考，"五月风暴"运动中的宣传口号、宣传涂鸦和宣传画报以及宣传思想的行为艺术迅速席卷全球。德波对这场运动浪潮总结道，理论上虽然正确，但实践手法却远不成熟，但行为艺术那些极具渲染力的媒介技术表现形式却被保留下来，成为一种流行文化，这些多样的思想表达途径与渠道促使后马克思主义者对不同媒介形式与媒介技术的思考。

而另一方面，资本主义在经历战争洗礼后的科学技术大爆炸使得媒介技术大发展。1920 年，KDKA 广播电台在美国匹兹堡开始播音标志着广播事业的正式诞生。20 世纪媒介技术更是取得了较大的发展，从电影、电视到互联网数字媒介的不断流行，媒体科技的发展迅速，并以极快的速度被人们所使用，这些科技迅速成为炙手可热的产品，它迎合了战后世界人们的各种需求，提供信息、教育、抚慰民众情绪，但最主要的是提供了娱乐，让人们沉寂在虚假的幸福之中，仅仅几年时间，电视、电影和互联网等媒体发展成娱乐产业。这一系列媒介技术的出现对社会产生的影响巨大，改变了人们的生活方式。人们置身在媒介社会之中，生产和生活方式得到了巨大的改变，与资本主义初级阶段的无产阶级被强制劳动压迫不同，生产条件和环境得到了改善，无产阶级的生活貌似得到了改善。但是，工人阶级在媒介社会中仍然面对着资本主义的剥削，只是这一剥削手段不同，面临的剥削方式不同。后马克思主义媒介技术思想正是研究这一现实问题，即后马克思主义者面对其所处时代资本主义如何与媒介技术结合以达到控制人们的目的。

2.2　后马克思主义媒介技术思想的理论背景与理论问题

广义的后马克思主义一般指的是使用西方后结构主义、解构主义的概念、观点、视域和方法论对传统的马克思主义进行研究和分析的一种西方哲学社会思潮。狭义的后马克思主义一般特指 20 世纪 80 年代由两位政治哲学家拉克劳和墨菲对资本主义社会意识形态、阶级组织情况、话语权争夺等提出的一系列激进的政治思想理论，他们认为马克思主义的阶级革命理论并不适用于当时的西方社会，革命不应当执着于对经济控制权的争夺，而是应当关注话语权的争夺，先取得话语权再争夺经济、政府的控制权，阶级的对抗与矛盾被多元民主政治所代替。广义的后马克思主义者从居伊·德波、鲍德里亚到齐泽克，都受到了后结构主义或解构主义的影响，在媒介技术方面都强调媒介技术的构建对意识形态的影响，强调资本主义新形态通过媒介技术达到控制和压迫人们的目的。他们所要面对的共同的理论问题就是，如何从后马克思主义与后结构主义的概念、观点和立场去分析媒介技术在其时代下操控人们思想和生活的方式，并对其进行理论上的梳理和概括。本书所述的后马克思主义主要是从广义的后马克思主义来谈的，狭义的后马克思主义即拉克劳与墨菲的社会民主理论是广义的后马克思主义非常重要的一部分。

2.2.1 后结构主义、后现代主义

后马克思主义所处的年代正是结构主义和后结构主义盛行的时代，英国哲学家、著名评论家西蒙·布莱克本（Simon Blackburn）提出，结构主义的共同特征是认为人类的生活现象只能通过它们的相互关系来理解。这些关系使各部分形成结构，并且在表面现象的局部发生变异的背后存在着抽象结构的一定的规律性。[①] 而后结构主义则是对结构主义这种关系性理解的回应，后结构主义作者的主要特征是对结构主义设定的结构与关系的反对与拒绝，认为事物或事件具有自足性，他们反对关系、结构和二元对立。

但实际上，结构主义和后结构主义的源头都是索绪尔语言学，索绪

---

① BLACKBURN, SIMON. Oxford Dictionary of Philosophy ［M］. New York：Oxford University Press，2008：365.

尔（Saussure）区分了"语言"和"言语"的区别，认为只有"语言"才是语言学研究的对象。索绪尔关于"语言"的研究又集中在对"符号（sign）"的分析上。根据索绪尔的研究，一个符号涉及三个基本部分："能指""所指""所指物"。"能指"即一个符号的记号部分，"所指"即该记号所指向的概念（conception）或表象，"所指物"则是由能指、所指所指向的现实中的某物。拿苹果来举例，"苹果"这个词用以记录苹果这样的物品，是一种记号的符号，是一种"能指"；而由"苹果"这一词的形或音在我们头脑中形成的苹果的表象，是符号指向的概念、表象，是一种"所指"；在现实中与苹果相应的活生生的苹果，就是能指、所指所指向的现实中的"所指物"。索绪尔的语言学对结构主义和后结构主义影响最大的是他关于能指、所指、所指物三者的关系的论述，他认为能指与所指之间的关系并不是一一对应的，而是具有任意性。他的这种看法通常被模糊地总结为符号的任意性。之所以称符号任意性之说是"模糊"的，乃是因为"符号的任意性"形成了非常不同的理解。索绪尔语言学思想的颠覆性在于他认为语言符号并不是事物和名称的中介，而是概念和符号形象。简而言之，我们使用符号进行的指意活动，指向的不是符号之外的客观现实，而是指向我们正在使用的符号自身。语言学是结构主义和后结构主义的共同出发点，如果说结构主义注重的是表意活动对背后巨大的语言网络的依赖，致力于探索言语活动所依循的原则和规律，与结构主义追求确定性不同的是，后结构主义是反对结构主义的确定性的，后结构主义致力于追求不确定性，能指被想象为所指，能指在从能指到所指物的表意过程中如果能够找到外部世界相对应的客观事物，这就意味着意指活动的可完成性，但能指的对象并非外部世界的客观事物，而是指向所指，这意味着能指归根结底还是所指，意义就这样在这条无尽的能指链中被拒绝。

比如后结构主义的代表人物德里达对中心结构的消解，而以无中心结构取而代之。在他看来,结构不是一种确定性或科学性的框架,而是具有不确定性和游戏性。一旦形成有"中心"的结构便意味着其作为该中心的功能被剥夺,当一个点或概念要想成为中心,在追求被承认为中心的过程中又永远无法成为中心,因为其在接受和执行接受承认中心的这一程序,因此,追求中心化的结果只能是中心的消解。

在结构主义看来,中心本是结构的一部分,但在德里达的解构下,中心不但不能成为结构的一部分,反而在结构中浮沉。结构意味着话语系统,而中心则是话语系统中的重要节点,中心是结构中不断被替换的点,而这种替换是无休止的、无穷无尽的。在后结构主义看来,以往形而上学中确定的一切,比如上帝、本质、真理等并不是客观存在的,而只是语言符号投射出来的。由此我们可以看出,后结构主义的特征正是在于把一切存在符号化或语言化,与客观现实解绑,对符号的关注也被后马克思主义者继承并发展了。

后现代主义是20世纪60年代以来在西方兴起的一种反西方现代体系的哲学思潮。后现代主义是一个很难在理论上做出准确定义的概念。很多主要的后现代理论家都反对使用各种传统的形式来定义或规范概念。活跃在当代美国的后现代主义学者格里芬(Griffin)这样理解后现代主义:"如果后现代主义这个词可以用不同的方式找到共同点,那么它指的是一种广泛的情感,而不是常见的教条——也就是说,那是一种相信人类能够而且必须超越现代性的情感"。从广义上讲,在不同历史时期的诸多反传统哲学的理论流派都可以把它们归于后现代主义,包括西方马克思主义和后结构主义等。后现代主义反对连贯的、权威的、确定的解释,其中包括对《圣经》以及其他信仰的态度和解释也都与传统不同,在理解事物时通常以个人的生活经验、成长背景、个人意愿与喜好在知识、生活、文化领域的理解放在更优先的位置。

后现代主义意味着对概念、意义、表征和符号等的解构。后现代主义认为，对于特定的文本、表征和符号，有无限多解释的可能性。在后现代主义的思想和理解中，作者意图与读者的反馈必然优先于传统的解释，后现代主义对传统真理以及先进价值的否定必然导向不确定性，随之而来产生了怀疑主义和相对主义以及价值虚无主义，但好处是使人们也能够体会到价值的多元。

后现代主义倡导的是无中心的思想并主导价值多元化，其直接后果是价值判断的标准不确定性即判断标准不统一或不太明确甚至是完全模糊，使人们的思维不再受未来、传统道德、社会理想、生活意义和国家等意义的限制与束缚，使人们的思想彻底得到解放，同时人们也会对自己有更深的认识。

解构主义也是后现代主义所倡导的理论倾向和特征之一，通过解构任何形式的语言所传达的思想，都会让我们领会到思想的不稳定性和知识的不恒常性。任何对思想系统、整体的解释都是错误的、不可接受的。然而，这个论点并不是极端的反智主义或虚无主义，比如德里达所反对的并不是思想或知识本身，而是反对思想集结在一起后形成政治力量或意识形态。

2.2.2　精神分析理论和权力话语理论

可以说，后马克思主义是在西方后现代、后结构主义的框架和思考方式下利用马克思主义的概念和命题对社会现实问题的分析与研究，对后马克思主义影响最大、最具有代表性的要数拉康的精神分析和福柯的权力话语理论。

第一，精神分析理论。

拉康通过精神分析的方法得出并阐述了象征理论，这一理论对后马克思主义的话语理论有一定的启示。拉康的精神分析理论更接近弗洛伊德（Floyd）中期的思想理论，中期的弗洛伊德对梦境、失语等现象的解释有一种与话语接近的倾向，也就是他在对梦境、失语现象的精神分析过程中把话语的因素考虑在内。在此基础上，拉康进一步将精神分析与话语分析联系起来，认为通过分析儿童和精神病人的语言可以探究他们语言背后的潜意识结构，找到真正的心理根源。为此，拉康将人的心理状态分为三个界域，即想象界、象征界和实在界。在考察不同界域之间关系的过程中，拉康着重强调话语分析的作用，并把三个界域与语言的意义相对应，这种结合方式给后马克思主义提供了许多理论启示，也在这一意义上拉克劳说："在我们的工作中，它是我们称之为'话语'的东西，它同拉康理论中称之为'象征'的东西高度吻合。"①

第二，权力话语理论。

福柯对后马克思主义的影响可以说是全方位的，但是在后马克思主义学派中的影响尤为突出，其中最主要的影响要数对拉克劳和墨菲的话语理论产生的直接影响。"话语"一词的使用领域十分广泛，不仅在哲学、批判理论中有所涉及，还在语言学、心理学等领域经常被提及和使用。"话语"一般或日常的使用含义通常与谈话、讲话有关，比如针对某一主题侃侃而谈、在某一场合做演讲、发表自己的看法等，都是"话语"一词本来就具有的含义。

从哲学上看，塞拉·米尔斯总结道，从 20 世纪 60 年代以来，"话语"一词的使用最初是与法国哲学思想息息相关的。而福柯在其著作《知识考古学》中关于话语和话语实践的论述对后来话语理论的发展具有重要意义。福柯的话语理论以"离散中的规则"作为原则和规定，对阿尔都塞的"科学话语"持反对态度。在拉克劳和墨菲的后马克思主义话语理论中虽然也能看到后期维特根斯坦（Wittgenstein）的语言游戏思想和海德格尔的存在分析的影子，但是都不如福柯对他们的影响

---

① 朱迪斯·巴特勒，欧内斯特·拉克劳. 偶然性、霸权和普遍性［M］. 南京：江苏人民出版社，2004：74.

深远。他们既继承和发展了福柯的话语思想，又对福柯的话语思想进行了批判。福柯在话语与政治的关系问题上揭示了权力的秘密，他认为话语是一种可对权力进行改变的实践，同时他也认为权力会制约话语。拉克劳和墨菲认可并继承了福柯的微观政治理论，同时也取消了福柯对话语与政治二者关系中的对立与区分。二人在合著的《文化霸权和社会主义的战略》一书中明确地把话语和激进民主结合在一起进行讨论，这正是建立在对福柯批判的基础之上的。

2.2.3　媒介技术理论的研究

关于媒介的思想理论最早分散在西方古希腊思想家的著作中，比如古希腊哲学家柏拉图（Plato）在《费德罗篇》中提到书写的刻板作用及对思想互动的有害并提倡以对话的形式凝练出真理；另一方面，他却在《对观福音书》一篇中赞赏有利于群体交流传播的书面文字。随着科技和社会的发展，媒介技术逐渐受到社会学家们的关注，并成为以法国和德国为代表的欧洲大陆社会学一个重要的课题。法国社会学家塔尔德（Tarde）认为大众传媒技术的主体大众与群众区分开来，指出印刷媒介对人际关系具有决定性的影响，并分析了新旧媒体技术更替所造成的影响。德国社会学家齐美尔（Simmel）对口语媒介与书写媒介进行了分析，认为没有中介的口头传播比媒体技术传播更能提供全面、完整的信息，认为口头传播继承了古希腊对话的传统。

杜威（Dewey）在《民主主义与教育》中主张媒体技术是有利于民主的。20世纪以来，媒介研究主要形成了四种理论范式与代表流派：一是美国社会学家库利、帕克、伯吉斯所形成的芝加哥学派，这一学派主要研究实用主义哲学与社会学相结合的观点，他们更看重实际经验的重要性；二是与芝加哥学派实用的研究方式对立的实证学派，其学派以哥伦比亚大学的社会学作为理论基础，逻辑实证主义是他们的指导方法论，以拉扎斯菲尔德（Lazarsfeld）和罗伯特·默顿（Robert Merton）为代表人物，他们持中立态度并以经验定量研究为方法；第三种是以批判为特征的批判学派，批判学派以马克思主义、现象学、社会学、后现代主义为思想研究背景的法兰克福学派为代表，以霍克海默（Horkheimer）、阿多诺（Adorno）、马尔库塞、雷蒙德·威廉斯、让·鲍德里亚等为代表；四是技术主义媒介研究范式，技术主义与媒介环境学派立场相对，将技术研究部分与刘易斯·芒福德（Lewis Mumford）、雅克·埃默等人本主义技术哲学相结合。代表人物有马歇尔·麦克卢汉、哈罗德·英尼斯、尼尔·博斯曼（Harold Innis）、保罗·莱文森（Paul Levinson）等。

2.2.4　媒介环境学的技术哲学理论研究

李巧珍和楚雪[①]在论文中将麦克卢汉的媒介技术思想当成一种媒介技术本体论，麦克卢汉认为"媒介是人的延伸"，其相反的论断是"人是媒介的延伸"，作者将这两种论断称为"延伸论"，并把"延伸论"与卡普关于器官投影技术本体论思想进行比照，并认为在数字媒介的虚拟现实面前，麦克卢汉的"延伸论"是一种对进化论的反对，同时"延伸论"也不能解释虚拟现实的本体及演化。胡潇[②]总结了在媒介研究中存在的认识论偏差：语言及其传播之间存在一种认知方面的冲突，媒介技术对主体来说是主体的延伸部分还是一种成为阻碍主体之间关系的存在。她[③]还提出当代数字媒体是对传统认识论的一种挑战，倡导在认识论层面探讨媒体环境与社会环境之间的关系，提出媒介在社会中具

---

① 李巧珍，楚雪. 媒介与人类的互动延伸：麦克卢汉主义人本的进化的媒介技术本体论批判 [J]. 自然辩证法研究，2012，28（5）：30-34.
② 胡潇. 论当代媒介研巧的哲学偏差 [J]. 哲学动态，2009（7）：63-69.
③ 胡潇. 媒介研究的认识论呼唤 [J]. 哲学动态，2011（12）：57-63.

有更关键的社会建构作用。在《"第三媒介"对言语行为的变构》[①] 一文中，作者通过对互联网中语言转化过程及其社会意义与影响的研究，展示了媒体技术是如何通过影响语言来影响人们的认知和理解的。

李巧珍和王晓刚[②]指出乐观主义认为媒介技术扩展了知识，悲观主义认为媒介技术阻碍了人们的认识或者说遮蔽了知识。同一种媒介技术之所以产生相互矛盾的认识和理解，其背后有技术决定论的影子，这正是由于把媒介技术归结为了决定认知与知识的其中一种因素，因此忽视了这个社会系统对认知的束缚与妨碍作用。潘祥辉[③]则试图在媒介决定论与社会建构主义之间找到一个平衡点。

李巧珍、楚雪和胡辰[④]指出媒介技术从纸到电的传播形式的改革和演化过程也折射出时空辩证关系。程建家[⑤]则在《网络的价值承载与伦理关涉——消解网络社会伦理恐慌的理性思考》一文中认为网络的价值偏向有可能导致伦理方面的风险，甚至进而引发伦理崩塌与恐慌，这种现象的发生是因为网络文化的建构与发展落后于网络技术发展。左康华[⑥]认为媒介技术会有长期效应和短期效应之分，其认为在短期效应中，技术决定论行不通；在长期效应中，媒介技术确实在一定程度上有自主权和决定性的力量。付丽指出网络开阔了人的技术化生存空间，使

---

① 胡潇.	"第三媒介"对言语行为的变构［J］.自然辩证法研究，2012，28（01）：6-11.
② 李曦珍，王晓刚.媒介环境学对技术认识论的争论［J］.云南社会科学，2011（5）：44-48.
③ 潘祥辉.论媒介技术演化和媒介制度变迁的内在关联［J］.北京理工大学学报，2010，12（01）：95-100.
④ 李曦珍，楚雪，胡辰.传播之"路"上的媒介技术进化与媒介形态演变［J］.新闻与传播研究，2012（1）：23-33.
⑤ 程建家.网络的价值承载与伦理关涉：消解网络社会伦理恐慌的理性思考［J］.自然辩证法研究，2010，26（8）：69-73.
⑥ 左康华.媒介形态理论是"技术决定论"吗？——对媒介技术本质的再思考［J］.东南传播，2012（8）：7-9.

人的感官和认知方式都发生了变化，并在一定意义上改变了人的存在本质。

赵华①认为不应把媒介技术作为工具，当代媒介技术的发展确实带来了社会与文化方面的问题，并提出了可能的解决方案。无论他们是否承认，媒介研究技术主义范式都或多或少地带有媒介决定论性质。"媒介即信息"这一论断把媒介技术当作一种决定认知的基本技术。作者从时空角度探讨媒介技术在整个历史文化中的变迁过程。

洛根（Logan）通过字母表分析出一神论与逻辑抽象科学的产生，而爱森斯坦（eisenstein）则认为，文艺复兴、宗教改革和科学革命能够发生的最主要的原因是印刷术。如果说媒介决定论是从媒介技术对社会的决定作用、社会对媒介技术的决定作用进行定性决定孰大孰小来定义的，那么媒介技术主义范式的支持者都可以被认为是决定论者。但是，他们也提到了媒体技术发展自主性受到社会需求的影响，同时需要理性引导。他们也认同社会对媒介技术具有反作用力，否认媒介技术发展具有完全的自主性，不存在绝对的社会决定论。在媒介技术与社会的关系中，认为社会才是更根本的立足点，社会文化实践理论属于社会建构论。由于媒介技术被视为一种中立的工具，结构功能范式的媒介理论倾向于社会建构论思想而忽视了媒介技术的作用。

---

① 赵华. 对技术-媒介的文化反思［J］. 科学技术哲学研究，2013，30（2）：109-112.

第 3 章

后马克思主义发端：居伊·德波与鲍德里亚的媒介技术思想

后马克思主义媒介技术思想发端于居伊·德波的景观理论和鲍德里亚的媒介技术批判思想，并且对之后的后马克思主义的媒介技术思想影响很大。

3.1 居伊·德波景观理论的媒介技术思想

20 世纪以降，西方资本主义社会的媒介技术获得了革命性发展。随着媒介技术的革新，人们所处的世界发生了巨大改变。德波正是在这一媒介技术革命下敏锐地察觉到人们所处社会的巨大变化及其影响，并通过"景观"这一概念展开对资本主义新形势下的批判。马克思在《资本论》中从资本主义社会中的细胞，即从商品概念开始展开，辩证地总结出整个资本主义发展的总过程，从而概括出资本主义总的规律和特征。德波与马克思的论证不同，德波是在资本主义新消费领域为主导的表现形式下以"景观"这一概念去整体把握西方社会当时的社会总体特征，并且作为后马克思主义者的居伊·德波的媒介技术思想可以说对之后的学者产生了巨大的影响。

3.1.1　景观理论概况

德波的景观概念并没有一个准确的定义，但是德波从不同的层面上指出了景观概念的价值旨向。"景观既显示为社会本身，作为社会的一部分，同时也可充当统一的工具。"① 这里所说的"充当统一的工具"并不仅是直接的图像和传播技术，而是"景观不能被理解为对某个视觉世界的滥用，即图像大量传播技术的产物。它更像是一种变得很有效的世界观"②。由此可见，景观不仅仅作为一种指向于图像和传播技术的媒介技术工具与产物，更重要的是其在媒介传播中传达的世界观，即资本主义社会向作为消费者的民众展现出来的世界观，是资本主义通过景观式的展示使本真世界下降为景观的显现，景观的展示却上升为真实的世界本身这一颠倒了的世界观，仿佛资本主义中的一切只有变成景观的展示这一种方式才是真实存在的。

德波认为西方资本主义社会的消费市场表现出以"看"为中心的"视觉中心主义"的特征，景观正是对这种视觉中心主义的描述与总结，他认为"景观是西方哲学规划全面虚弱的继承者，这个规划是受观看类别支配的对活动的理解……景观并不实现哲学，而是将现实哲学化。这是所有人的具体生活，已经降级为思辨性世界的生活"③。以"看"为视域的西方哲学早在柏拉图那里，就将存在者之存在状态被规定为外观，在某种程度上是社会必然呈现为景观的前提条件。海德格尔在讨论古希腊人与近代人的不同时将其概述为近代人是体现着一般主体的具有主观主义的特点。随着近代科学的发展，以伽利略（Galileo）和牛顿（Newton）为代表的近代科学家以科学的范式为哲学"立法"，用

---

① 居伊·德波. 景观社会 [M]. 张新木，译. 南京：南京大学出版社，2016：3.
② 居伊·德波. 景观社会 [M]. 张新木，译. 南京：南京大学出版社，2016：4.
③ 居伊·德波. 景观社会 [M]. 张新木，译. 南京：南京大学出版社，2016：9.

将对象物摆置在面前加以观察并与数学相结合的方法去研究哲学。自近代哲学家笛卡尔（Descartes）已降，西方哲学就已经走上了主客"分离"的道路，在笛卡尔那里，"我思，故我在"以一种直觉似的方式呈现出"看"与思辨的特点。直到康德（Kant）的认识论革命，将这种静观的"看"推向了哥白尼式的革命。客体的自然界总是以一定的方式向我们呈现，并且康德将人类"看"的先天理性架构做了一定程度上的分析。其中的图型学说搭建了沟通知性与感性的桥梁，调节了经验论与唯理论的矛盾。"我们知性的这个图型法，就现象及其单纯形式而言，是在人类心灵深处隐藏的一种技艺，它的真实操作方式我们任何时候都很难从大自然那里猜测到，并将其毫无遮蔽地展示在眼前的。"①这种"先验的图型"甚至影响了皮亚杰（Piaget）的某些心理学认识理论。所以说景观技术之所以在资本主义社会中具有统治地位，某种程度上是在人类的先天的心理认知中发挥着作用。

同为 20 世纪稍早于德波的海德格尔与其在景观、图型的视觉性、技术方面的论述有相似之处。海德格尔于 1938 年在弗莱堡演讲中发表了一篇名为《形而上学对现代世界图景的奠基》的主题演讲，同样提出了关于"世界"与"图景"的现代性问题。"如若我们来沉思现代，我们就是在追问现代的世界图像。"② 海德格尔这里的"世界图像（Wetbild）"也可译为"世界观"或"宇宙观"，意味着人的表象活动把世界把握为"图像"。这种图像化在海德格尔那里表示对象化和系统化："不仅意味着存在者根本上被摆置在自身面前……作为一个系统站立在我们面前。"同样也表示为可理解性和可操控性："根本上，唯现代人才有了诸如人的地位之类的东西……这种方式占据着人类能力的领域……目的是获得对存在者整体的支配。"与德波相似的是，海德格尔

---

① 康德．纯粹理性批判［M］．邓晓芒，译．北京：人民出版社，2004：141.
② 海德格尔．世界图像的时代［M］．孙周兴，译．上海：上海译文出版社，82.

同样将图像化与技术现象一同提出，并将现代社会的现象表述为五个方面：科学、技术、艺术成为体验对象，人类活动被当作文化和弃神。世界的图示化与方法的技术化是海德格尔对现代性社会的总体性描述，世界的图像的表述方式必然是技术化的图像。德波的景观社会思想在更深层次上与海德格尔的世界图像化思想有着某种相似，德波指出景观不能被理解为视觉世界的滥用，而是一种有效的世界观。德波认同马克思在《德意志意识形态》中对旧唯心主义和唯物主义的超越，并提出当前的景观图像保持了旧唯物主义和唯心主义的意识形态特征，景观是旧唯物主义感性直观的表象的再现和唯心主义虚假的能动性在景观中的实现。可以说，景观技术正是符合了"现代性"社会的主要特点，才能被迅速扩展成为一个全球性的景观现象。德波与海德格尔解释学的论述方式不同，他直接将"景观（技术）"的分析与马克思主义理论、德国古典哲学、西方马克思主义理论等经典理论相结合去批判现代资本主义社会。但是，从另一个侧面去看，德波也正是和海德格尔一样看到了现代性最重要的问题——"世界的景观化"。

3.1.2　景观理论中媒介技术的主体性与实质

景观理论在德波那里是一种通过媒体的展示和作秀，逐渐发展成一套完善的、对人们的世界观形成控制的景观理论。"鲍德里亚认为随着电子媒介对空间结构的打破，主客体间的距离已经取消。"[①] "世界图像的专业化已经完成，进入一个主动化的图像世界……而普通意义上的景观，作为生活的具体反转，成了非生者的主动运动。"[②] 马克思对资本主义商业社会中资本的分析呈现出一种自主的客观运动形态，即认为资

---

① BAUDRILLARD J. The Ecstasy of Communication ［M］//Hal Foster, ed. The Anti - Aesthetic：Essays on Postmodern Culture. Washington：Bay Press，1983：132.

② 居伊·德波. 景观社会 ［M］. 张新木，译. 南京：南京大学出版社，2016：3.

本的运动是一种有规律性的客观运动，有其自己的运动规律。德波则认为资本主义发展到他那个时期，景观代替了"资本"的这种特性。景观在某种程度上也是资本的一种显现形式，并且变成了新的形式的拜物教成为社会统一性的主体。它不断地生产着自身，景观的最终目标就是要实现其自身，并永远地沐浴在其自身的荣耀之中。从某种意义上说，景观不断地展现自身的背后正是资本不断追逐利益的本性的显现。景观技术通过大量的商品展示，正是因为资本主义社会大机械工业化生产后，商品异常丰富，只有通过快速消费才能使资本不断地运转起来。所以，德波认为景观是一场持久的"鸦片战争"，景观借助媒介技术不断地展示进而刺激人们的消费欲望，使人们产生仿佛生活在宗教般的天堂中的错觉。资本家在这场作秀中不断通过媒介技术制造和传播景观并从中获利，但是景观又好像联合资本反过来奴役着资本家与大众，成为一种貌似客观独立的主体。作为被动观看景观的大众与景观及其媒介技术相异化，他们不断与景观分离，景观独立出来不断强大形成景观统治，大众被充斥着的虚假的欲望所左右，而作为景观的伪主体的明星亦被牺牲为景观的工具，成了非本真的存在。作为制造景观的资本家同样生活在景观化的社会中，他们必须持续地制造景观，抓住观众稍纵即逝的闪烁缥缈的欲望，否则亦会被景观所抛弃。这种观点与法国技术哲学家雅克·埃吕尔（Jacques Ellul）的技术自主论思想的观点有相似之处。埃吕尔认为技术具有极大的自主性，把技术看作高于人的存在，而低估了人对技术的控制力，埃吕尔把人看作一种客体，而外在于主体的具有自主性的技术不可避免地被技术奴役和压迫。① 但是，德波这里更多地是想强调景观技术如同马克思主义分析资本主义中的资本一样有其自身的特性。最终，景观技术通过媒体主动性的展示、全方位的独裁展示与宣

---

① ELLUL J. The Technological Society［M］. New York：Random House，1964：68.

传、全景敞开式的监督和反历史的虚假信息的制造等手段共同营造一个虚假的繁荣景象，进而更好地管理社会并实现其资本主义永恒在场的需要。

3.1.3　媒介技术作用与反景观之路

马克思具有丰富的异化思想，异化最初在黑格尔（Hegel）那里是外化的同义词，后来马克思使用了这一概念，用以指从主体外化出来却反过来危害、压迫、奴役、统治主体的一种社会现象。资本主义社会就是这样一个异化的社会，是异化的物的关系反过来制约人的关系的一种颠倒了的社会。德波延续了马克思这一思想，运用"景观"概念揭示出当代资本主义社会在媒介基础上的二次异化现象，即景观社会。这一社会是以景观的形式呈现出来的物的关系再度异化的社会。这一社会的异化现象呈现为以下两个方面：

首先，景观技术通过公共媒体的展示和作秀，发展成一套内嵌着资本增殖逻辑的景观技术体系。德波指出景观技术是指资本主义社会以资本增殖为目标而改造和控制人工自然的方法、手段和活动。在以媒介技术为主宰的当代资本主义社会中，景观技术通过不断地展现自身，刺激人们的消费欲望。这一过程体现为景观不断复制自身的背后是资本运动的力量。"就像是商品的统治逻辑支配着资本家各种各样的竞争欲望，……是景观的强硬逻辑控制着乌七八糟的媒体内容所体现出的无限多样性。"① 作为被动观看景观的大众被景观技术所异化，他们不断地被分离的景观统治，被充斥着的虚假的欲望所左右。这种虚假的需求作为一种被制造出来的需求，人们永远处在不满足和无法真正满足的矛

---

① 居伊·德波. 景观社会评论［M］. 梁虹，译. 桂林：广西师范大学出版社，2007：4.

盾中。

其次，景观技术以"润物细无声"的方式植入人们的意识形态之中，潜移默化地改变着人们的思想，并影响着社会文化。景观技术在资本社会中最直接、最集中的体现即现代媒介，"在其种种独特的形势下，如新闻或宣传、广告或消遣的直接消费，景观构成了社会上占主导地位的生活的现有模式。"① 德波指出现代媒介并不是中性的工具，而是资本主义政治的帮凶，"景观作为一种让人看到的显现，即通过各种专门化的中介让人看到不再能直接被人们抓取的世界……景观就是逃脱人类活动的那个东西，……他是对话的反面。"② 现代媒体不断地向众人展示着一切已经安排好的景观，它看似与人们进行对话，实则是在不断发布命令。进一步地，德波指出了现代媒介中隐含的独裁结构。"景观"对大众的控制不再是直接的意识形态的宣传与教导，而是内在的奴役与控制。现代媒介在知识文化领域的景观化体现为以下三个方面：第一，现代媒介分离了文化和文化产生的基础，即社会劳动。当代资本主义文化已经发展为一种媒介操纵下不断自我复制的虚假的意识形态景观。无产阶级被其捕获和影响，无法再次自觉意识到当代社会的再异化本质，而失去革命的动力。第二，虚假文化知识以非体系化和碎片化的景观冲击无产阶级的认识。当代资本主义社会中，景观被包装成为片段的知识，不断地刺激着无产阶级的视觉神经。无产阶级不仅不能全面系统地掌握知识，并且文化知识的专业化也造成了无产阶级知识碎片化的情况。第三，文化成为一种景观的商品用于消费。在景观社会中，视频、电影、小说甚至是各种相关的音乐和杂志，文化与知识在各种景观化的表达中充斥着人们周围，占据着人们日常生活的大部分时间，可视的、碎片化的知识成为热销商品。而进行商品消费的人们获得的也只能

---

① 居伊·德波. 景观社会 [M]. 张新木，译. 南京：南京大学出版社，2016：4.
② 居伊·德波. 景观社会 [M]. 张新木，译. 南京：南京大学出版社，2016：8.

是被市场所牵引的景观文化知识。

　　景观理论在更深层次上是指向一种资本主义的"社会性"技术。在资本主义社会中，景观通过媒介技术展示、宣传、独裁控制人们的世界观。德波认为"它阐述了一种新的统治形式的发展，即'综合景观'"。这种景观已经取代了先前的两种景观文化制度，即所谓的"自由"社会的"扩散"制度和与极权主义政权等同的"集中"制度。德波认为景观主要表现为一种人类权利流放到一个彼世的技术实现，"景观技术并没有驱散宗教的乌云……景观权利只是将人类权利与尘世基础联系起来……景观是人类权利流放到一个彼世的技术实现；它是人的内心已经完成的分离。"① 景观社会是以自己特有技术内容的形式的表达，它以这样的技术表达着权利，标榜着自身的神秘秩序。景观是一种自上而下的极权管理的自画像，这种客观的拜物教的表象是一种单方面的管理者所掌握的手段，并且与现代国家密不可分，它被当作技术引进。这种景观技术与官僚资本主义相辅相成，它是发达资本主义某些危急时刻的管理技术。景观技术又表现出了一种扩散性。相比较于同一的集权的景观控制人们，德波认为以美国为代表的扩散的景观同样也是景观的权利技术的另一种形式。在弥散的景观中，各种代表着不同利益的景观之间相互冲突，不同的力量在此交汇，组成了一张网，彼此之间相互冲突，德波这里暗指景观社会下的民主社会。但德波这里的扩散性又是针对景观的集中而言的，指向某些官僚团体以外的团体而言。当景观技术发展到将集中和扩散两种技术相互配合，最终达到景观的全球化。德波还对综合景观技术如何统治整个现代社会的过程与事实进行了阐释，并且将其总结为五种状态：不断的技术革新、国家与经济的结合、普遍化的隐秘状态、无可置辩的谎言、永恒的当下。德波说技术革新的快速发

---

① 居伊·德波. 景观社会 [M]. 张新木，译. 南京：南京大学出版社，2016：9.

展加强了景观的权威统治，技术的革新不断地分离普通民众与专家的权威。景观通过联合少数掌握技术的专家不断地通过集中与扩散快速地形成权威。再次，德波着重分析了景观的隐藏性和历史缺失性。"对景观统治而言，首要的是普遍地根除历史知识。"① 这里的消除历史有两层含义：其一，景观的不断快速呈现使人们无暇思考历史，景观技术迫使人们生活在一种只有消费的循环时间中，一切的节日、假期全部沦为消费时间，可以说这种循环的时间是一种非历史；其二，景观技术联合一切权利和宣传，不断地修改着当下的历史，使之呈现出一种虚假的被统治阶级操控的历史，无可置辩的谎言和永恒的当下合理性是景观技术维持资本统治的手段与目的。景观不断地粉饰太平自诩康乐，发布虚假信息力图控制大众，通过宣传——控制网络不断地企图控制大众，资本家通过景观技术的宣传改造着社会的各个领域——从生产消费领域到意识形态领域。尤其在意识形态领域中，直接的物化景观取代了以往的政治化的宣传口号，变得更加的隐蔽，人们生活在景观的幻象中对真实的冲突与矛盾置若罔闻。最后，随着景观社会的不断确立，人们从批判的统治转变为维护景观的统治，进而德波发现了景观技术从"宣传—控制"的手段发展为"监督—虚假消息"的技术手段。景观通过"监督—虚假消息"的技术手段："宣传—控制网络在不知不觉中转为了监督—虚假信息的网络。"② "永恒的当下"的景观不断地密谋通过综合景观的需求并且通过某些专家、"带头人"等对个别领域实施干预，达到对"最坏"情况的可控："监督开始将那些能够挑起流言的人引荐到大众面前，这些流言从其一开始就非常符合它的要求……某些人被当作'带

---

① 居伊·德波. 景观社会评论 [M]. 梁虹，译. 桂林：广西师范大学出版社，2007：8.

② 居伊·德波. 景观社会评论 [M]. 梁虹，译. 桂林：广西师范大学出版社，2007：42.

头人'，也就是说，在一定环境下，这些人是其他人的追随者和模仿对象，但这一次是从非强制行为变为了强制行为。"① 这种全方位的综合景观监控和干预与福柯的全景敞开式的监控有着很强的相似性，可以说景观技术对于无产阶级的自我监控思想正是德波版的"全景敞视主义"。至此，综合景观技术在资本主义社会中得到了权利统治的完成，成了再异化的社会。

随着对景观社会技术的不断剖析，德波辩证地发掘了一条反景观技术的道路，指出唯有一场日常生活革命才能反抗景观技术的统治机制。德波认为只有通过艺术的革命才能唤起人们的本真状态。而艺术的反景观技术策略体现为"漂移""异轨"和"构境"。德波利用情景主义的观点，试图通过构造新的情景去改造日常生活，揭露日常生活中隐秘的贫乏与异化。他指出，唯有通过诗歌与艺术，才能再次开启人的自由自觉状态，找到人的本真生命本源，即人们"不再认为生活是某一稳定性的单纯维持，相反，他们热爱他们行动的过程无限丰富"。由此可以看出，德波仍然是通过"反景观—技术"的手段和艺术的革命去反对景观（技术）的控制反对资本主义，从根本上说，即德波的方法仍是要祛除景观对日常生活殖民化的统治。

3.1.4 景观媒介技术的评价与时代价值

不同于马克思所处的资本主义初级阶段，德波所处的是一个物质生产极度发达的现代社会，人们所处的社会被消费主义所充斥并演化出一整套的消费社会的世界观。景观是通过视觉媒介的传播所产生出来的新型社会关系，德波看到了资本主义商品社会中的个人身份在景观社会中

---

① 居伊·德波. 景观社会评论 [M]. 梁虹，译. 桂林：广西师范大学出版社，2007：44.

已经沦为商品化了的标签。这样就让个人表现为经济活动中生产商品的价值，毫无疑问，景观是一种被物化的世界观。德波认为正是景观这种被物化的世界观的出现使世界发生分裂，造成真实与现象的分离，其结果就是现象不能反映真实的世界。景观是真实加工后的产物，景观式的沉思又会反作用并影响到事实本身，景观的再生产作为合法的目的和意义成了最终的追求。

在景观社会中，社会生活完全成为经济生产的附属品。艺术与文化已经成为一种在经济生产之余用来娱乐的商品，而娱乐的目的是更好地投入生产，那么这种消费社会的景观消解了艺术与文化的真实意义，最终也会使人的生命意义被消解。景观社会中的商品，同样也是资本剥削劳动者剩余价值的工具，虽然看上去生产商品的劳动者在德波所处的年代具有了消费能力和一定水平的物质生活条件，但是只要看到其背后的意义就能发现这一现象在实质上是劳动者成了被消费的对象，人们的不断消费就作为景观社会实现"生产—消费"循环中的一个环节而存在。

总的来说，德波继承了马克思的异化思想，但又与之不同。主要体现在，首先，德波开辟了景观技术批判的新领域，即日常生活。马克思的思想产生于资本主义的早期阶段，那时的社会还处于自由竞争阶段。马克思关注的是生产领域的直接生产异化，他认为异化的根源在于资本主义生产规律。因此，他主张通过破解资本主义的生产关系来改变社会性质。而德波面对的是进入到高度垄断时期的资本主义社会，在这样的社会中，拜物教有了新的特征，景观关系中的拜物教取代了先前的资本主义拜物教，形成了一种对纯客观性的物的崇拜，这意味着资本主义商品生产进入了人们更加隐秘和更加基本的日常生活。德波和情境主义者发展出来的"批判艺术"，就是为了批判和挑战异化的、隔阂的、安抚的、诱导观众的、社会控制的景观力量。其次，德波过多地关注景观技术批判，而未指出切实有效的变革办法。"在马克思看来科学是一种在历史上起推动作用的革命的力量。"① 马克思运用唯物主义辩证法指出，科技的发展既会推动资本主义社会的发展，也会带来资本主义社会的毁灭。然而，德波对景观技术的批判却更多地聚焦在其负面影响方面，即便德波探讨了在景观的"断裂"处的革命可能，但德波讨论的主题始终是作为操控和统治工具的景观技术。虽然居伊·德波的这一理论开辟了资本主义日常生活实践的道路，影响了鲍德里亚、利奥塔等人②，但是德波的景观技术批判由于没有深入到日常生活的经济规律层面、没有提出现实的辩证超越路径，因此仍然没有达到马克思主义理论的高度，这显示了德波并没有完全理解马克思主义丰富的历史性与辩证唯物主义思想。

3.2 鲍德里亚的媒介技术批判思想

3.2.1 拟像理论视域下对媒介技术的批判

媒介技术批判的基础正是"拟像理论"，在此基础上，鲍德里亚研究大众媒介技术对社会的总体影响，鲍德里亚的媒介技术批判视角也多从这一理论出发。随着照相、摄影、电影、电视等媒介技术的发展，媒介传播内容的制作摆脱了手工时代，彻底进入了机械化复杂和制造的时代，这种机械化的媒介技术制造标志着影像时代的到来。鲍德里亚看到随着各种媒介技术的出现，后现代社会表现出的不同于现代社会的整体

---

① 马克思，恩格斯. 马克思恩格斯全集：第 19 卷［M］. 北京：人民出版社，1980：375.

② KROKER A. The Processed Individual：Technology and Post- modernity［M］. London：Macmillan，1992：62.

特征，通过拟像、拟真、超真实等一系列新范畴对社会进行分析。

从形而上学的本体论角度来分析拟像概念，拟像的本质是通过参照和复制的方式，形成对原型的复制，拟像指代的是复制品与原型、表象与现实、能指与所指之间的关系，它表达的是一种物体和相应的符号之间特定的假设关系，或者也可以说对应着本质的能指和现实的本质之间特定的假设关系。鲍德里亚将拟像分为三个层次反映当代的社会秩序。拟像的第一层即仿造，通过对主体的复刻打造出一个对主体的复制品，如果把这种复制品看作是主体之外的客体，那么这种复制品正是符号对指涉物的反映。以仿大理石这种新型物质为例，它的材料并非自然物中原有的东西，而是一种原有多种物的杂糅，是一种新的物质。这一阶段被复制的客体追求的是模拟、复制自然和反映自然，在这一阶段中真实尚且存在。拟像的第二层即生产，在这一层中所有的产品都是无差异的产品，不存在模仿关系，更多的是市场价值规律追求市场价值。鲍德里亚受本雅明（Benjamin）观点的影响把机械复制技术看作这一时代的一种媒介和原则，致使产品成了彼此的复制品，主体与客体的关系成了等同物的关系。拟像的第三层即拟真，"仿真是目前受代码支配阶段的主要模式……第三级仿真依赖的是价值的结构规律"①。拟真的特点就是被符号支配，是当前社会阶段的体现。由于当下计算机和网络技术的特点，所有的图像和影像都被编码成一连串代码，经过计算机最终解码呈现在大众面前。拟真阶段的客体所具有的可复制性使其能够让编码的形式被不断复制，可以说在拟真时期，成品已与原型无关。随着媒介技术的发展——印刷技术、图像技术、数字化网络技术的更迭，不同时期表现出了对社会生活的不同影响。从景象层面来说，在拟真时期，整个社会处于一种非真实的景象下，以复制品为模型形成的表象，如从图片的

① 让·鲍德里亚. 象征交换与死亡［M］. 车槿山，译. 南京：译林出版社，2006：67.

PS 技术到电影虚拟场景技术，都通过移花接木的方式将非真实的场景构建出来，形成超真实的景象。

鲍德里亚认为当代消费社会存在着"拟像—内爆—超真实"的结构。鲍德里亚从能指和所指之间的任意原则出发，阐述了影响与现实关系的演变关系，从影响反映现实到影响遮蔽了深度现实并使现实去本质化，再到掩盖了现实的缺陷以至于脱离现实最终成为拟像。而拟真是拟像发展到最后形成的，它不是"一种指涉性的存在，或一个实体。它是没有原本或现实的真实模型的创造物：一种超真实"①。"拟真"的社会是一个超真实的符号世界，"超真实"代表着不同于真实，代表着传统真实的消亡。电视和网络的出现使得社会中的符号大量充斥在人们身边，支配着大众的生活，形成了一种超真实的景观社会。"超真实"是一种人为真实，产生于编码之中，同时是电子技术和生物技术基础上的产物，说其是"超"正是因为它是一种没有现实基础的真实，从某种程度上来看，鲍德里亚已经敏感地预见了之后的"虚拟现实技术"的社会景观。"内爆"这一概念最开始来自麦克卢汉，鲍德里亚的内爆概念代表着拟像和真实之界限的消失，这种"内爆"是在媒介中发生的表象和意义、主体和客体不可区分的意义、真实的死亡状态。在"超真实"的领域内，拟真与"真实"在"内爆"中模糊了界限，其结果便是：真实与拟真给人的感受相同甚至拟真的感受有时还要更真实，信息越多反倒觉得意义愈加匮乏。鲍德里亚将内爆比为"黑洞"，其强大的能量能吞噬掉其他物质。内爆掉的信息阻碍了社会的交流，与此同时大众直接面对媒体大量的信息曝光，愈发变得冷漠和沉默。内爆将造成很多界限的模糊与消失，不仅是拟像与拟真之间，还包括阶级之间、意识形态与文化之间的界限。

---

① BAUDRILLARD J. Simulacra and Simulation ［M］. Ann Arbor ：University of Michigan Press，1994：1.

正是这种媒介技术的内爆致使景观、新闻、政治、娱乐、广告全都构建出一整套的商业消费的氛围，而大众则逐渐成为沉默的大多数。最终，这个社会中的一切阶级意义等都必将终结于内爆之中，导致了全面拟像化的世界致使真实毁灭，符号系统的意义指涉作用也无法维系。

3.2.2 符号理论中对媒介技术的反思

鲍德里亚早期的思想把符号学与马克思的政治经济学相结合，从社会学角度分析当时消费社会的媒介技术，鲍德里亚阐述了符号赋予日常生活对象的意义以及对象在媒介技术和符号学下被组织成新的社会结构系统的过程。

鲍德里亚将符号、媒介技术和日常生活置于历史框架下进行分析，认为早期阶段的资本主义向垄断资本主义阶段的不断发展，提示我们需要更多关注的是消费领域而非生产领域。从 1920 年到 1960 年这段时间里，随着资本主义的发展、经济的不断集中、新生产技术和新媒介技术发展时代的到来、大规模生产能力的过剩，资本家越来越关注引导消费和创造人们购买新产品的欲望，鲍德里亚正是在这样一个社会中敏锐地发现了当时资本主义社会中以符号价值为特征的管理体系。

鲍德里亚看到他所处的时代广告与大众媒介的结合助推时尚文化与商品的过剩，符号和景观大量堆砌在大众周围，这些都增加了符号的象征价值。因此，鲍德里亚认为商品并不像马克思的商品理论所说的只有使用价值和交换价值，商品还具有符号价值，而且在商品消费中符号价值作为一种象征和意义扮演着越来越重要的角色、形成越来越大的影响。鲍德里亚认为当代符号价值现象已经成为消费社会中的商品和消费领域十分重要的构成部分。这一理论受到凡勃伦的"炫耀性消费"和商品展示概念的影响，鲍德里亚认为符号价值的重要性在于，受到符号价值的影响，整个社会都呈现出消费社会的特征，社会的构建都是围绕消费建立起来的，包括商品展示也是为了促进消费。而对于个人来说，符号价值与消费特征体现为人们通过拥有商品来彰显自己的身份和地位，符号的价值与意义遮蔽和取代了人的价值与意义。

整个社会都是围绕着商品的消费和展示而构建出来的，个人通过占有商品的形式获得声望、身份和地位。符号价值就像词语在语言系统因地位或位置的不同而具有不同的意义，符号价值在符号系统里也因地位、位置的不同有着不同的意义和象征。

麦克卢汉认为"媒介即讯息"，鲍德里亚对此表示认同，麦克卢汉把新媒介技术本身看成是最大的社会问题。鲍德里亚在此基础上发展了这一观点，由于电视技术的发明与发展，使得电视作为一种主要传播媒介广泛应用与发展，致使广告泛滥过度、符号丧失所指与意义，反而是大众媒介的技术形式而非内容对社会具有至关重要的影响。传统的马克思主义者多将媒介看成一种意识形态的操控工具，鲍德里亚却认为：媒介技术所要传播的不再是内容或者说传播的目的不再是推送内容，电视、报纸等媒介不再是内容的媒介和载体，在媒介传播过程中，媒介直接对社会关系产生影响；这种社会关系不只是一种剥削关系，也包括一种抽象、分离以及废除。媒介自身就成为一种意识形态，这种意识形态需要被重视与研究，这种传播形式造成的影响和产生的作用更值得关注而不是只关注媒介传播的内容。

随着媒介技术的更新，以电视为代表的媒介技术被广泛应用，电视作为大众媒介发展到了顶峰，鲍德里亚认为电视之类的大众媒介的特征是单向性而非交互性的。从电视媒介的技术特征来看，大众与电视媒介之间形成了传播与被传播的两端，传播者决定着传播内容，而被传播者只能接受，没有任何主动性。即使是通过电话等手段连线，传播者也可以选择连线的人，这种连线的互动方式并不是主流，而是一种边缘现象，整体上传播者仍然是单方面的播出主导，传播者不是媒介技术的拥有者而是媒介技术的直接使用者并主导着媒介技术的发展。受众在媒介技术造就的传播链条上只能是被动地接受，在缺乏反馈的社会中被广告不断地狂轰滥炸，在这一过程中消沉冷漠，并以此抵抗大众媒介的信息传送，导致社会的意义和目的内爆。

那么，符号是如何成为媒介权力支配手段的呢？

首先，"漂移的能指"会形成一种符号垄断。鲍德里亚在索绪尔的结构语言学和巴特符号学的影响下发展出自己的符号政治经济学理论，并在二者的基础上进行了理论补充与延伸。在消费社会里，无论是索绪尔的能指与所指理论还是巴特的符号意指理论都不能对消费社会进行合理地解释。符号能指与所指相互剥离，被剥离出来的能指——"代码"作为"漂移的能指"从媒体上重新吸收所指进行匹配。例如报纸、电影、电视广告中的符号语言中的表征和所指意义消解，符号之间的关系不存在任何逻辑上的关系，而是变成符号的堆砌与任意嫁接，媒介使符号早已脱离现实，其意义只能在关系中实现，最终走向它自身的逻辑。鲍德里亚认为现代媒体的符号垄断是一种类似于政治经济学中资本剥削体系的工具，这种电视媒体的符号系统可以任意编排和支配，从而操纵人们的生活。

其次，"象征交换"导致传播的单向性。"象征交换"是鲍德里亚理论的重要概念。象征交换概念深受法国社会学大师涂尔干（Durkheim）的外甥莫斯的交换馈赠理论的影响，这一理论认为：首先，在原始社会，象征文化对物具有主导作用；其次，在原始社会生活中，互惠象征着交换结构的存在，意味着非物质交换以及可逆的交换是建立在双方互惠互利的基础之上，如若不然，交换关系则意味着终止。最终，莫斯认为这一理论是对当今社会价值体系的医疗良方。鲍德里亚还在《象征交换与死亡》中论述了原始社会中的非物质交换与物质交换形成一种象征交往关系。原始社会里的象征交往关系后来被资本主义社会的生产逻辑打破，出现了工人和资本家之间不平等的交换关系。鲍德里亚的符号结构理论从符号学意义上把人类社会文化表征意义分为四个阶段：象征交换是前工业化社会的表征形式的特征；政治经济学是工业社会的社会文化形成的表征成果；符号交换则是工业社会发展到一定阶段的后工业社会形成的社会文化表征；最终回到起点即又重新回到象征交换的阶段，当然，后工业社会的象征交换已经不同于原始社会的象征交换，符号交换的意义已经不可同日而语，交换形式也从商品的交换转变为符号的交换，工业社会到消费社会的转变也意味着政治经济领域从以商品为代表到以符号为特征[①]。

与单向的输出相比，互惠与可逆的交流这种双向的沟通使得大众减少沉默的概率，并提供发声的场所，但鲍德里亚时代的大众媒介几乎都是一种单向的信息传递而非双向的交流。以电视和电影为例，鲍德里亚看到了这种传播的单向性进而降低了人与人之间的交流，最终导致观众一直处于单向的信息接受状态，而没有输出的渠道与场所，使得大众被动地接受甚至承受各种信息，导致麻木、被动的状态。[②] 鲍德里亚对媒介传播悲观的态度是一种悲观技术决定论。鲍德里亚认为，如果媒介符号演说垄断没有摧毁，任何媒介民主化的可能都不复存在，只有将媒介中的接受者变为生产者，才是一种"生产之镜"的媒介理论。

最后，符号控制媒介技术的后果是造就"完美的罪行"和"沉默的受众"。鲍德里亚指出了符号媒介技术操控下的隐患，在《完美的罪行》中指出技术进步的结果是对现实实施了完美的谋杀，数字化媒介技术带来的符号将致使现实消失，"完美的罪行是通过使所有的数据现实化，通过改变我们的行为，所有纯信息的事件，无条件实现这个世界的罪行，总之，最终的解决办法是通过克隆实在和以现实的复制品消灭

①　包亚明．后现代性与地理学的政治［M］．上海：上海教育出版社，2001：76．
②　包亚明．后现代性与地理学的政治［M］．上海：上海教育出版社，2001：67．

现实的实物，使世界提前分解"①。《完美的罪行》还提出，世界正在向虚拟化发展，其虚拟化体现为无论是对象、个人还是情景都是制造出来的虚拟的产品。"不幸的是，我们往往不能把客体和主体放在对等的角度来思考问题，只有当我们真正能够理解客体和主体的统一并且这种立场成为一种潜在的意识，我们才看到世界的本质。"

在《大众：媒体中社会的内爆》中，鲍德里亚认为沉默某种程度上代表着拒绝，看到了大众将沉默作为对抗现状的方法。鲍德里亚分析了选举程序和民意测验：在大众保持沉默的状态中，民意调查和选举程序必须被迫取消，这就迫使"通过一种不负责任的，带有讽刺挑战意味的，主动丧失意愿的，甚至是暗中耍诡计的游戏，将选择的权利委托给其他人"②，并通过这种方式来摆脱媒介的操控和权力的控制。

3.2.3 消费社会媒介技术的运转机制

鲍德里亚看到了当代消费社会的本性，在消费社会里，消费取代了以往马克思时代的生产成为社会的主要方面，并且控制着生活的方方面面，社会形态由原来以生产为主导的生产社会变成了以消费为主导的消费社会。鲍德里亚认为消费社会中的消费模式从被动转变为主动，使人们的消费受到符号系统的控制。或者也可以说，消费社会中的物品被消费必然成为一种消费符号，符号的意义指涉已经超过了物品本身，已经不再是单纯的物品映射现实的关系。鲍德里亚看到了消费社会与媒介社会的匹配性，消费社会中的消费已经被符号所操控，而符号正好通过媒介技术才能传播运作起来。那些没有经过加工的事件在经历所谓生产线加工即被大众媒介经过过滤、分割、重新加工成为符号材料之后才能成

---

① 让·鲍德里亚. 完美的罪行 [M]. 王为民，译. 北京：商务印书馆，2000：28.
② 金慧敏. 差异 [M]. 开封：河南大学出版社，2005：156.

为可以消费的符号，大众传媒过滤后的世界已经被重新制造和加工，信息都经过修改变成了产品，我们接触的已经是一个符号系统的世界，因此人们被媒介技术所主宰和影响，媒介技术影响着人类社会的方方面面。鲍德里亚分析媒介社会时认为通过媒介生产出"拟像"，"拟像"作为现实的替代物是由媒介制造出来的，替代物的意思不是说它不能够触及现实，而是一种非交流的不及物的"无回应的言说"。鲍德里亚因此认为用主体哲学的传统概念分析媒介并不适用，在由媒介、"拟像"构成的社会中，主体是被动的、被异化了的主体，被异化了的主体的身体、欲望、意志都是被媒介、"拟像"和符号所宰制的。在鲍德里亚看来，媒介生产出了形象符号，建构出了一种超现实化的空间，形象符号影响了社会方方面面。媒介促使我们沉迷于这种超现实化的空间，促使我们进行着所谓的伪交流，使得交流和文化变得无意义。当交流成了一种虚假的交流，非真实被当作一种真实，世界就被这种"拟像"与符号构成一种新的秩序：世界成为一个由自我指涉符号编织成的虚像的世界。借助于现代媒介技术，"拟像"、符号被无限复制，致使我们生活在一个以"超现实"为首要原则的世界里。我们生活在一个非真实的世界中，生活在媒介符号解读系统之中而非历史之中。世界成了媒介抽象逻辑下的虚假世界，在鲍德里亚看来，媒介技术成为了使现实与真实、历史或文化真实全都失去了稳定性的工具，与麦克卢汉所说的有一致之处，媒介本身作为一种信息形式强加给世界，而消费正是通过媒介技术的编码规则对事件进行信息分割、过滤并进行重新解释，大众传媒是有自身逻辑的，只需要从媒介自身的逻辑出发来诠释世界。媒介遮蔽住了各自的特性事件后，以自身规则进行了重新解释后不加区别地播放出。大众媒介的真相是"对世界的特殊、唯一、只叙述事件的特性进行中性化，代之以一个配备了多种相互同质、互为意义并互相参照的传媒的宇宙。在此范围内，它们互相成为内容——而这便是消费社会的总体'信息'"①。

　　在媒介社会中，传统符号学中的能指和所指的连接导致能指成了自身所指亦即自我指涉，大众媒介导致了主体与世界的分离，现实世界被媒介技术重新组合生成一种新世界。在大众传播中，媒介技术通过编辑组合真实事件的要素致使得出某些策略性的结论进而操纵现实，好像经过媒介技术的加工后才能成为"超现实"。在媒介社会中，现实、文化和政治被当作产品受到大规模的工业化处理后，一切的价值都被颠覆。原初的真实世界已经被媒介技术下的"拟真"取代，现实变得不再重要，因为现实已经被超现实所取代。人们整天面对大量的信息，但是却感觉生活变得没有意义了。因为"信息把意义和社会消解为一种雾状的、难以辨认的状态。由此导致了不是更多的创新，相反是全部的熵。因此大众媒体不是社会的生产者，而是恰恰相反，是大众社会的内爆。这只是符号微观层次上的意义内爆在宏观上的扩大"②。受到媒介的影响，人们已经失去自我，没有了自己的定位和角色，完全成为媒介操作的对象，作为媒介网络的一个活生生的终端而活着，可以说媒介系统改变着人的感知模式和社会结构等。广告正是这样一种典型的大众媒介。广告是为了讲述商品的，"它是一项针对物品所作的论述，同时它本身也是一个物品。而且也正因为它是一种没有用途、无关紧要的论述，它才会成为一种可以消费的文化物品。"③ 广告作为一种媒介形式，其直接作用是使消费者熟悉商品及其作用，但鲍德里亚发现广告最重要的特征是被消费，之所以是被消费是因为它在使用中没有作用，但仍然是在"物的体系"之中，所以它本身成了消费品。可以说鲍德里亚对大众传

① 让·鲍德里亚. 消费社会 [M]. 刘成富，全志钢，译. 南京：南京大学出版社，2001：132.

② BAUDRILLARD J. Simulation and Simulacra [M]. The University of Michigan Press，1994：79-81.

③ 尚·布希亚. 物体系 [M]. 上海：上海世纪出版集团，2001：187，203.

媒及其社会功能具有清晰的认识，对当时社会的认识起到了非常重要的作用。鲍德里亚解释了广告在消费中的作用与影响。广告通过对能指语境的重建，构成一整套独特的语言和意义的对照。广告中的产品与其符号意义形成联系，广告以预设语言能指的任意关系为前提，试图在广告中传播符号，形成一种新的自我制造。在广告中，现实的理性和逻辑被打破，能指被随意操控排列，完全无视了"正常"指涉。所以，鲍德里亚认为，广告这一特性致使其成了符号任意组合堆砌的游戏，彻底失去了表征和意义，也正是因为从广告的这一本质出发，我们看到了我们的消费中到底消费了什么。我们在日常的购买和消费中消费的是产品，但是在广告这种信息传播中，我们消费的是信息的意义。鲍德里亚看到了随着资本主义的不断发展，社会的生产过剩，出现了大量的物品，人们不再以拥有物品为目标，而是要在不断地消费中达到所谓的追求"实现自我"。人们将广告看成是在消费社会中彰显身份地位的体系，即"地位"的符号。因为广告的基本目的就是在展现一套所谓的幸福的标准逻辑时建立一个能指链。广告使物品彻底成为事件，在广告中物品的客观特性已经不再重要，而新的意义在物品中产生。在语言结构里，广告在一个非实用性的层面上交流，而工具性则被悬置起来。因此，在消费社会中广告操纵着人们的生活，导演虚构物品和事件。鲍德里亚认为，广告的大众传播基于其媒介传播自身的逻辑。也就是说，"它参照的并非某些真实的物品、某个真实的世界或某个参照物，而是让一个符号参照另一个符号、一件物品参照另一件物品、一个消费者参照另一个消费者。"① 当代物品就其符号功能角度来看已经不关其实用性，广告本质上已经脱离了真伪判断，鲍德里亚批判地看到了作为大众媒介中广告强制性的本质。从深层次角度看，广告不仅起到引导心理的

① 让·鲍德里亚.消费社会［M］.刘成富，全志钢，译.南京：南京大学出版社，2001：131.

作用，更有煽动群众和政治术的作用。人们在消费中通过对信息不断地被动接受，历史与社会新闻也都成为类似消息和广告一般的符号。借助于现代媒介技术，事件与世界被重新编排为连续和不矛盾的信息传递给人们。"这意味着电视广播传媒提供的、被无意识地深深地解码了并消费了的真正信息，并不是通过音像展示出来的内容，而是与这些传媒的技术实质本身联系着的、使事物与现实相脱节而变成互相承接的等同符号的那种强制模式。"①

鲍德里亚关于媒介技术思考的后期看到了大众面对媒介挑战后的回应态度，他后期对媒介技术的思考不再从电视广告角度进行观察和分析，而是以民意测验机构为切入点来论述在面对现代社会媒体垄断的情况下大众与媒介的关系。他对媒介技术的态度很难简单地归为乐观或悲观，他对媒介技术持荒谬、反抗的态度。鲍德里亚指出，在民意测验中存在着彼此不同的两套体系：其一是围绕着传统的表征、真理和意义构建；其二是以它的仿真和虚像进行构建。而这两个复杂体系如想兼容，就要把基于统计信息的民意调查与基于传统价值观的所指、意愿和公众舆论相结合，但这只会导致混乱和不和谐。鲍德里亚并不认同新媒介中的民意调查要么能反映民意要么只是操控民意这两种说法，并认为这两者之间不存在任何关系。他认为民意调查机构难以左右人们的意愿，因为这套媒介技术不在民众的"意愿时空"价值体系内工作，所以民众很难被作用。同样，对于大众而言，媒体技术的介入让他们的活动场所不再是原来的表征和传统意义；他们是个人，不在公共政治舞台上，因而也无法影响民意调查的过程与结果。正是两者间的不兼容导致了人们麻木混沌的状态，大众不能确定自己的主观感受和意愿。而造成这一结果的并非信息不够全面，恰恰相反，正是因为信息的泛滥导致了大众的

---

① 让·鲍德里亚. 消费社会 [M]. 刘成富，全志钢，译. 南京：南京大学出版社，2001：139.

孤独和无所适从的"不确定性"，面对泛滥强大的信息社会，大众感受更多的是无助和迷茫。面对这种情况，大众的反应就是不参与并且持无所谓还略带嘲讽的态度。所以，大众就用无声的沉默去选择抗议资本主义媒体垄断所导致的民意测验。

3.2.4　鲍德里亚媒介技术的批判性与局限性

毫无疑问，当代的电影、电视、广播、报纸、电脑、手机、网络等大众传播媒介成了宏大的景观，带来的众多感受和体验改变了社会的存在方式，鲍德里亚关于媒介技术的理论对当代媒介社会进行了深刻批判，并对理解和认识社会的发展与趋势有指导性作用，但他的思想具备批判性的同时也有其局限性。

虽然鲍德里亚试图以符号编码逻辑来替代马克思的生产方式，但他的大众媒介批判理论仍然受到了马克思学说的影响，甚至仍然处于马克思社会批判的理论框架之中，其主要表现在两点：其一，马克思看到了现代资本主义社会中科学技术的异化方面："然而，自然科学却通过工业日益在实践上进入人的生活，改造人的生活，并为人的解放做准备，尽管它不得不直接地使非人化充分发展。"[①] 其二，马克思意识形态批判理论指出来意识形态颠倒反映，以及它如何产生一种与现实脱离的、仿佛是一种独立自主的幻觉，即"它不用想象某种现实的东西就能现实地想象某种东西"[②]。鲍德里亚的媒介批判理论基本是这两点批判理论在当下发展出来的理论成果。马克思所处时代没有经历过消费时代和媒介社会，缺少对消费社会和媒介社会的直接分析。鲍德里亚的批判思

---

① 马克思，恩格斯．马克思恩格斯全集：第3卷［M］．北京：人民出版社，2002：30.
② 马克思，恩格斯．马克思恩格斯选集：第1卷［M］．北京：人民出版社，1995：82.

想依据的理论前提和理论视域确实受到了马克思学说的影响，通过批判分析大众传媒在当代社会中举足轻重的作用，尤其是媒介如何解构人类观念，并对媒介技术与人类生活的关系进行阐释。鲍德里亚认为：当代社会的媒介技术发展迅速，数字技术尤为当下社会的重要展示手段，信息符号不断增加，这使我们生活在一个由"仿真"和"虚像"所构成的"超现实"里，从而瓦解了现代社会和现代主体的表征逻辑。现在，"不再是我们想象客体，而是客体想象我们。"① 在当下媒介科技快速发展而产生的信息社会里，电子媒介技术起着关键作用，并影响着社会的发展。面对信息社会，更多的研究者从实证主义的道路去研究媒介，而很少有人对信息社会进行批判性地深入反思。鲍德里亚认为，媒介割断了接受者与真实世界的交流，只是为其提供"空洞地"了解符号和在"否定真相"中生活着的状态。由于媒介的单向性，它"最终阻止回应，使任何交换的过程成为不可能。而这就是大众传媒的抽象性。而社会控制和权威的体制正是建立在这一抽象性中"②。鲍德里亚看到了资本主义媒介社会中异化的一面，但是其理论也存在局限性。他看到了媒介在当代社会的作用，尤其是符号对社会的统治与控制作用，格里·吉尔总结说，鲍德里亚把符号看作一种权势，对经济、政治、意识形态和文化形成统治。这导致他和后结构主义者一样，不再纠结于主体间的问题，进而沉迷于主动去中心化的主体性的经验。鲍德里亚意识到媒体技术对社会巨大的影响及其对社会巨大的破坏力，同时他也无法理解媒体技术的解放力量而陷入了悲观的技术决定论之中。鲍德里亚悲观地认为，在这么一个受符号系统统治的世界，由"超现实"的系统控制的世界，恐怕只有死亡才能摆脱符号的控制。马克·波斯特（Mark Poster）将其概括为"当鲍德里亚争论说只有在死亡中才能躲避代码

---

① 让·鲍德里亚. 完美的罪行［M］. 北京：商务印书馆，2000：70.
② BAUDRILARD J. Selected Writings［M］. Cambridge：Polity Press，1988：207.

时，当意义最终并没有被重新并入符号的梦魇之中时，很显然，他的客体主义已经导致他退缩到一片遥远的荒漠"①。鲍德里亚批判的媒介局限性就在于他没有意识到符号系统与资本主义社会的关系，并将其对立起来，一方面将符号系统独立化，另一方面又要从社会角度理解媒介社会的产生、发展和意义。

　　总的来说，德波和鲍德里亚都看到了媒介技术对现代社会各个方面的重要影响，尤其体现在对意识形态的影响上，而在这一点上，他们的理论对后马克思主义者的媒介技术思想的影响最为重大。

---

① 马克·波斯特．第二媒介时代［M］．南京：南京大学出版社，2000：158.

第 4 章

后马克思主义发展：拉克劳和墨菲话语理论视角下的媒介技术思想

　　拉克劳和墨菲认为，媒介应当形成多样、多元的话语环境以推进激进多元民主的进程。激进多元民主是话语理论构造的开放的体系，意味着多种具有对抗和冲突性的政治力量共同存在，也意味着具有话语、意识形态的冲突，墨菲认为话语斗争在社会关系中是普遍存在的，对于话语的斗争与控制不应该是社会精英与统治者的特权，社会上每一种利益群体或社会群体都有参与政治的权利、构建话语与意识形态的权利，他们对政治的参与将改变现有的政治格局。话语理论反对马克思通过经济基础对阶级的划分，认为身份认同、社会认同才是政治场上对统治者或被统治者的区分标准，在不同身份认同、社会认同之间存在着各种对抗与冲突关系，他们的对抗是对话语、对意识形态阵地的争夺。如果说在马克思理论中的政治对抗是阶级对抗，那么在拉克劳和墨菲的话语理论中，决定一个人或一个群体政治立场的是他的身份认同或社会认同，在社会本体论层面，身份认同或社会认同是多元接合实践的交点，而这些元素被链接形成的立场、立场与立场之间的冲突与链接则被称为要素。这一点在美国大选中得到了印证，在选民的群体中不仅有以性别区分的选民，还有以支持或反对某种主张的群体比如支持同性恋或反对同性恋的群体，不同族裔的群体比如亚裔、非裔等，甚至以是否有工作为界比如失业者等，这些都通过某种相似性形成一种群体，而这些群体都可能是在美国大选中被争取的对象，针对这些不同群体形成的政治理念或思想使得意识形态呈现出多元化的表达，形成差异性，而拉克劳和墨菲认为这种差异性体现出了政治上的民主和多元，是激进民主政治的体现。激进民主政治不同于以往的民主，此民主非彼民主，以往的民主观倡导的是社会不同群体、身份在国家或公共事务中通过理性的对话和协商，经过不断让步，尽最大努力商讨出一个结论或结果，而激进民主理论认为民主不应局限于此，社会不同群体、身份要争取的不仅仅是在公共事务中的参与权，更要争取的是意识形态领域的领导权，激进民主政治是对国家中各种不同立场、身份的尊重，而在媒介方面的体现则是每种身份和立场都能在媒介技术的辅助下在媒介声明与表达自己的立场，甚至每一个个体都是一种立场，政治不能局限在一种制度之内，某一阶层或某一人群只代表他们自己的阶层和群体而不能代表整个人类社会的所有阶层和群体。

拉克劳和墨菲认为媒介在话语传播、意识形态构建中的作用十分重要，媒介是话语建构的场域，是多元意识形态话语接合与斗争的主要场域。墨菲在一次学术访谈中提到，媒介在意识形态霸权的产生、保持与斗争中占据着重要的地位，媒介应当形成多样、多元的话语环境，媒介话语的多元化才能推进激进多元民主的进程。批判学派在话语理论的基础上认为媒介不是价值中立的工具，而是受意识形态影响的，是经济政治和意识形态的控制工具。

在拉克劳和墨菲的话语理论体系中，话语不是我们日常理解的作为语言交流、使用的话语，而是一种作为表征的话语，甚至是代表某种政治的意识形态、政治的社会实践，或者广义地讲，世界与社会实践都是一种话语。二人的话语理论体系应用在传播学与政治学领域中，从世界与社会实践都是一种话语这一角度来看，媒介技术不仅是有政治倾向、意识形态倾向或者说是受意识形态影响的，媒介技术自身也是一种作为意识形态的话语。在当今高度发达的社会，媒体技术已经不知不觉地渗入到社会生活的各个领域，包括人们的日常生活，并对政治经济领域产生了深刻的影响。可以说，无论是政治意识形态还是日常生活的话语斗争，都能在媒介技术营造的媒介场域中呈现出来。"后马克思主义"是20世纪70—80年代在西方兴起的马克思主义新流派，拉克劳和墨菲的话语理论正是后马克思主义哲学的核心。拉克劳和墨菲受到解构主义、后现代主义、维特根斯坦、德里达及拉康主义的影响，从语言入手，对马克思主义哲学中本质的、规律的部分进行批判，是一种立足于微观的话语、反宏大叙事、消解理性的独断论的思想理论。

拉克劳和墨菲的话语理论被称为后马克思主义的话语理论，他们的话语理论包括社会本体论、以霸权为核心的激进民主理论、话语分析方法论及其在媒介话语领域中的应用，比如媒介政治学话语研究。

4.1.1 作为媒介技术批判工具的话语理论

厄内斯特·拉克劳于1935年出生于阿根廷，2014年去世，曾任教于英国埃塞克斯大学政治系；尚塔尔·墨菲1943年生于比利时，现仍任教于英国威斯敏斯特大学。二人观点相似并合著了《霸权与社会主义策略：走向一种激进的民主政治》，首次提出"后马克思主义"这一概念，他们的思想体系被称为话语理论体系。话语理论体系是对传统的马克思主义的理论进行改造形成的一整套独特的、具有创造性的理论体系，作为一种理论工具箱、方法论，这一体系可以应用于不同的领域进行解读，进而发展和碰撞出新的思想。本书正是将话语理论体系应用于媒介技术与传播领域进行新的诠释，以扩大话语理论的适用性和可用范围。

拉克劳和墨菲显然受到了20世纪西方哲学的语言学思潮的影响，进而转向对话语的研究。拉克劳曾经阐释了自己的话语理论来源于现象学、后分析哲学和后结构主义思潮，二人通过运用后结构主义解构的方法论对二元对立问题进行重新阐释，突出了主体、政治在社会中的构造作用。话语承担了比以往单纯的语言学甚至福柯的话语理论更多的意义与使命，成为解构主义在政治领域的理论产物，也因为其话语理论研究主要围绕政治领域，话语理论体系也充满政治性，通过话语理论分析对政治意识形态的形成、政治场的斗争与角力做出新的阐释。而话语理论在媒介传播领域的使用、通过话语理论分析得出媒介技术也是一种意识形态，因此也有学者认为话语理论是一种政治本体论。话语理论超越了以往解释学、语言学与文本的限制，成为与实践接合构成的整体。关于话语的规定性的特殊性，有以下几个特征：

第一，话语是一种具有总体性的整体。社会实践的意义是由话语建构的，或者说接合实践的结构性总体构成了话语。话语的使用是为了强调相应的事实，每个话语在社会上都是有其背景和社会意义的。拉克劳与墨菲通过对比一个普通的球状物和一个足球的区别来解释话语为什么能够形成一种结构性总体。处于同样的场景下，比如，在同一个街道，踢两个不一样的球，一个普通的球和一个足球同样都是球类，但是彰显了不同的意义。当你看到有人在街上玩一个球，可能只能想到他在玩一个球。当你看到有人玩的是足球，你也许会想到与足球相匹配的场景，比如足球场、守门员、裁判以及足球的比赛规则甚至是足球赛事，而这些元素都是由足球引发的，足球接合了与足球相关的社会实践，而这些社会实践都是由足球构建的结构性总体。这一结构化总体作为一个整体是由不同的元素构成的，但又不是由单一元素决定的。这一结构化总体并不是自然形成的，而是在社会的背景下通过社会关系由人建构起来的。拉克劳和墨菲认为，话语背后的关系体系的整体正是话语。由此我们可以看出，拉克劳和墨菲的话语包括了话语本身又不止于话语，也包含了话语背后的社会意义。话语既是单一的、分散的、临时的、漂浮的、碎片式的，同时又是与社会实践接合的、连接式的、在结构与关系中的、作为整体的一部分。为了区别于之前的语言学的话语理论，拉克劳和墨菲的话语理论也被后来的研究者称为"新话语理论"，不应限于简单地用"唯物主义"和"唯心主义"来评价或批判话语理论，话语理论值得在更多元、深层的意义上来理解和挖掘。

第二，话语是与实践结合的整体。把话语与社会实践结合在一起的方式能够消除话语与实践之间的对立关系。拉克劳和墨菲这一话语概念提出之后"一石激起千层浪"，有赞成也有反对，曾有反对者批评拉克劳和墨菲的话语概念是典型的唯心主义。拉克劳和墨菲举了一个砌墙的例子来回应这种批评，A 与 B 一起砌墙，A 让 B 递给他一块砖，这是第一个社会实践，是通过语言来实现的；A 接过 B 递来的砖砌在墙上，这是第二个社会实践。砌墙这一社会实践要在社会中实现需要由语言来引发，由社会实践与语言共同来完成，在砌墙这个整体中包括了语言与非语言，整体过程由语言来触发，这一整体被称为话语。拉克劳和墨菲这种对话语的解读与维特根斯坦的语言游戏有相似之处。话语因为其社会性并且能够引发社会实践而具有赋予意义的能力，社会实践的意义是由话语构建的，话语、社会实践和具有的意义都是话语的一部分，它们形成的整体才是拉克劳和墨菲定义的话语。

第三，单独的言语是随意的、自在的，是解构了整体、消解了整体性后的元素，而这些元素在单独状态下是漂浮的，这些元素只有在互通有无、相互沟通和连接后才能够构建意义。话语不只是语言学意义上的话语，而是一个结构的整体。在解构主义哲学看来，如果一个整体是有结构的，那么结构一定会涉及秩序的问题，整体意味着封闭的系统，而结构意味着有一个先验的中心决定其内在秩序。解构主义思潮的创始人德里达认为，传统意义的结构有两个缺陷：一个是它的封闭性，结构的封闭导致无法与其他结构产生关联；另一个是结构的中心与总体的矛盾性，德里达认为具有中心就意味着失去了总体结构的协调性与统一性，这意味着一个结构具有中心和它的结构一体性是矛盾的、不相容的。为解决矛盾，只能置换中心，不断寻找下一个中心并进行替换，这种中心的无法确定使得中心难以被表达，最终放弃对中心的肯定和寻找。这意味着在结构的整体中，能够建立的只能是不确定的、临时的、漂浮的中心。德里达关于结构的阐释对拉克劳和墨菲的话语理论的展开产生了深刻的影响，拉克劳与墨菲把话语看作解构形成元素后的重组，元素是结构或总体消解后形成的，解构后的元素随意组合联结到一起，这种建构方式避免了传统形而上学的主客关系问题，避免了逻各斯中心主义的问题。这种元素重组的方式意味着不同意义的联结，话语在这样的建构下虽然避免了形而上学的传统矛盾问题，却有新的问题，也就是缺少了中心使得结构整体无法形成封闭结构的问题。

第四，拉克劳和墨菲的话语并不等同于语境。拉克劳和墨菲在解释话语接合实践时使用了普通球体和足球的例子来进行阐释，指出足球不仅是足球这个物体本身，而是足球在社会中形成的一系列社会关系的总体。拉克劳在 1988 年的专访中特意对话语和语境进行了区分，提问者认为日常的社会实践构成了一种视域，而话语是凌驾于这种视域之上的。拉克劳否认了这种说法，他认为这种日常的社会实践构成的视域是一种语境（discursive），语境与话语（discourse）既有相似之处，同时又有着明显的区别。一方面，话语只有在语境中才是有意义的，才是可能的，而语境只有在话语的前提下存在，没有话语的语境是不可能的或者说不存在的，语境是一种视域，而且只能是话语所指对象的视域，而话语也只能在视域中建立具体的话语，没有单独存在的语境，语境一定是话语的语境，语境是在某一对象的引发下构成的视域：一方面，话语是一种具体的话语，语境是话语的总体。语言本身、言论、思想、社会实践、日常生活、经济、政治等都是话语的语境，虽然拉克劳和墨菲用话语来表达，但实际上他们的话语是语境、意义的总体，话语在语境中才能获得意义。另一方面，语境作为视域是多元的、不固定的，是社会关系的集合，具有不确定性，而具体的话语具有意义的确定性，但是语境中的非确定性使其形成意义的流动性，意义可能产生多样和具有连接性的话语语境，也就是拉克劳与墨菲所说的"漂浮的能指"。

话语理论从理论到应用领域大致分为三个层次：社会本体论、身份政治理论及激进民主理论。第一层次是话语理论在社会本体论层面的理解。社会本体论是话语理论的哲学基础，是地基式的存在，话语理论思想的基本宗旨在于把语言和物质看作不可分割性的具有一体性的整体。无论是第二层次的身份政治理论还是第三层次的激进民主理论，都建立在这一哲学基础之上，以社会本体论为理论基础，或者说，无论是第二层次的身份政治理论还是第三层次的激进民主理论都建立在语言与物质具有一体性的基础之上，是话语理论在政治领域的延伸观点。话语理论认为话语在构建社会中具有十分重要的地位，或者说整个社会正是话语建构主导的结果，或者理解为当代社会中不同的政治主体围绕其话语领导权展开斗争，其结果是形成多元身份的政治主体、政治力量。话语理论的构建本身致力于超越主客对立，话语构成社会实践整体的一部分，消解了话语与社会现实之间的界限。为了取消主客体的对立和不相容性，话语理论重新诠释了主客体，赋予了主客体新的意义。作为主体的人成为话语者或者说是意义赋予者，而客体则成为材料，话语者与材料不再是对立的、难以沟通的、存在沟壑的对立面，而是相互依存，成为整体，互为存在。在话语理论中，话语者赋予材料意义，材料才能成为社会的组成部分，这种理论方式消解了唯物主义和唯心主义之间的对立与矛盾，主客达成一种立场，话语者与材料不是对立的关系，而是相互依赖，材料的意义是由话语者来赋予的，这种依存关系超越了话语者与材料、我与物、主与客、唯物主义与唯心主义之间的对立，形成一种新的共在的立场。这种立场下，材料不是被话语者否定的存在，而是被话语者赋予意义的重要部分。整个体系的前提在于所有的社会现象和对象都只能在话语中获得意义。话语理论体系表达的这种立场其实与马克思主客体的实践关系构建的理论境遇十分类似。马克思的实践表达的不是认识论中主体与客体的对立式的关系，它表达的是一种和谐的共同在场式的共在关系，这样的关系表达恰恰是一种存在论的本体论境遇。话语理论与马克思的思想理论不同，但表达出的理论境遇十分相似。第二个层次是作为冲突理论分支的政治认同理论，以话语理论为基础和方法论去理解政治场的变迁。它描述了在政治斗争中自我与他者边界的创造，虽然有社会对抗并且可能会有破坏性，但对自我来说，他者作为自我在外部的构成需要一定的稳定性以保持自身的身份。第三个层次则体现了拉克劳和墨菲的后马克思主义方法，在第一层次意义的建构和第二层次**身份、偶然性以及政治争斗的基础上，第三层次主要对传统的自由理论和协商民主进行了批判和重新定义，同时提出全民参与和冲突政治的思想**。他们的话语理论在民主政治领域的展开被称为"激进的多元民主"，以代替马克思的阶级理论，其激进体现在它不断拓展自己理论的社会领域，崇尚多元化的民主，自我与他者都因自身的有效性在社会中最大程度的自治而被社会接受，形成一个避免阶级区分的社会。在避免阶级分析的同时，拉克劳和墨菲一改以往哲学家、政治学家和谐、同一的政治理想，提出冲突性的政治关系即对抗性的政治观念，这种对抗性是一种话语争斗，话语争斗也是一种广义上的媒介背后媒介技术的角力。社会关系是广泛的冲突关系，社会是由对抗的关系构成的，对抗性是他们激进民主理论的核心。他们认为政治权力不应该只由少数精英和统治者主导，每一个社会群体都应该有同等的权力与地位参与构建领导权。墨菲认为，政治不能局限在一种制度之中，一个理想的社会不应该只有单一性或只由一个或特定的阶层或阶级构成，或者说政治应为所有人服务而不是为特定的某些人服务。传播政治理念的媒介技术也在话语斗争中具有了政治意识形态的性质，就像传播学批判学派所说的那样，媒介技术成为一种控制经济政治和意识形态的工具。

可以看出，拉克劳和墨菲的话语理论以三个理论层次形成了一个复杂的、具有三重维度的理论体系或者说理论综合体，同时话语理论为媒介传播学领域、政治领域的批判提供了新的方法论，话语理论为实证分析提供了有用的工具箱。

4.1.2　多元话语在媒介场域中的接合实践

拉克劳和墨菲的话语理论以语言学为背景但超越了语言学上话语的意义，他们对话语的使用与以往的使用并不相同。话语起源于西方哲学的语言学分析，语言学在话语理论兴起之前已经发展了几十年，语言学意义上的话语理论是对语言的具体使用、语境以及句法理论的补充，话语理论的研究没有局限于语言学，而是与众多学科产生交叉研究，比如哲学、政治、历史、社会、文化等。因此话语最开始主要是语言学上的含义，是围绕文本本身语义的思想理论，后来受到米歇尔·福柯的主导，话语概念拓展到社会语言实践领域，而拉克劳和墨菲的话语理论延续了福柯话语在社会实践领域的拓展并延伸为所有社会现象的表征，相对而言，拉克劳和墨菲的话语理论在媒介领域引起的关注相对较少。

拉克劳和墨菲的话语理论的第一层次作为哲学理论具有一定的抽象性和理论深度，而第二、第三层次的身份政治理论和激进民主理论都是话语理论运用于经验、具体社会科学领域的研究。拉克劳和墨菲的话语理论主要应用在政治领域上，因而也有学者称拉克劳和墨菲的话语理论是一种政治哲学理论。拉克劳于1982年在埃塞克斯大学设立了意识形态与话语分析项目，这一项目在研究意识形态与话语分析方法方面促进了话语理论的发展，这些研究话语理论的学者被称为"埃塞克斯学派"

或"后结构主义话语理论"。作为话语理论方法论的话语分析方法被应用于媒介批判和传播学，并碰撞出新的思想火花。

接合表达了话语与社会实践之间的一种关系，话语与社会实践具有辩证关系。

首先，话语与社会实践之间关系的消解。话语作为一个整体是由话语与社会实践的接合形成的链条构成的，而链条上的节点都是独立、自由、单个的元素，元素之间建立关系的实践动作即是"接合"，在"接合"过程或者说链条的形成过程中，各个元素的身份被修复，完成的结构化整体即是话语。

其次，话语是与社会实践的接合。拉克劳和墨菲使用了一个核心概念即接合，所有不同的立场即元素之间的关系在实践中的建立过程被称为接合，或者说能够使单个的元素或立场之间建立联系或关系的过程被称为接合，而接合实践的集合或者说结构化总体就是话语，话语是接合实践的结果和整体化。这里的话语不是以往语言学、文本上的研究对象，而是接合实践导致的有结构与意义的实体，欧洲文化中的话语分析是相对成熟的，并且相对而言更为广泛地应用于媒介传播等领域，并发展出社会认知学派、话语历史学派、批判实在论、新马克思主义学派和政治话语分析等。这些研究与拉克劳和墨菲的话语理论的不同在于，这些理论坚持语言分析的方法，以文本分析的方法、话语分析的方式剖析社会实践，预设一种理论和假设用以解读社会。相较而言，拉克劳和墨菲的话语理论的着眼点在于现实，相同的是，他们都把话语理论与后结构主义、马克思主义相结合。话语与社会实践密不可分，相互影响。

拉克劳与墨菲的话语概念超越了思想的范畴，弥合了思想与社会现实、实践的划分，把社会实践、现实融入话语之中，成为话语的一部分。话语理论并不否认客体的现实存在，而是认为客体的存在与话语是一种共生关系，而脱离了话语的客体是无意义的。在话语理论中关于话语与社会现实、实践的关系可以用爱尔兰在债务危机中的新闻报道来进行分析。2010年的债务危机对爱尔兰、葡萄牙和西班牙等国产生了影响，爱尔兰的债务机构成了整个欧洲和全球危机中的因素，但债务危机作为被表述的对象，在话语中被建构起来，其既是欧洲债务危机的一部分，也是世界债务危机中的一部分。债务危机通过在一连串的意义中被链接和拼凑出来，话语链接包括新闻媒体的报道、金融交易的公开、对未来的推断以及在欧洲以及爱尔兰关于政治领导的争论与商讨、学术研究、政府工作报告、社会评论等。如果把爱尔兰的债务危机看作欧洲危机的一部分，在媒介的引导下把爱尔兰与欧洲的命运联系在一起，比如在报道中证券商倾向于把债务危机看成一个结构性的整体，不同的社会主体对爱尔兰债务危机有不同的解读，对外他们构建了一种爱尔兰与欧洲一体的话语结构整体，欧洲被不断地与债务危机相连，模糊了爱尔兰才是真正发生了债务危机的事实，迫使欧洲与国际货币基金组织不得不通过对爱尔兰国家银行系统进行担保来帮助爱尔兰度过危机。对内则呼吁要为了欧洲的整体利益进行行动，以道德来绑架爱尔兰及其他地区的精英们。这一具体案例给我们带来的理论启示是，如果没有把危机这一话语与危机发生的社会实践区分开，模糊了危机与危机这一事实，就容易使人的认知产生混淆，从而辨别不清，进而产生错误的判断。

拉克劳和墨菲十分注重话语的结构性整体，关于整体性的论述消解了话语与社会实践之间的界限，这意味着拉克劳和墨菲拒绝关于话语与社会实践之间的区分，拒绝区分意义的意指与行动。这种模糊界限的方式不同于谢林，谢林的同一哲学认为自然和精神在本质上应该是一个更高本原，认为自然与精神应该源于同一本原。而拉克劳和墨菲则认为话语与社会实践都属于话语这一结构化整体。黑格尔的一句"黑夜里的黑牛"解构了谢林关于自然与精神的同一性。拉克劳和墨菲这种模糊话语与社会实践之间区别的做法没有哲学理论的支撑，也没有事实依据，只是为了避免理论发生悖论而设置的一种前提和条件。但是这种推理方式有点类似于几何学上的反证法，从结论推导应该具备这种条件。

关于话语与媒介技术的关系，如果从传统的语言学、文本意义上去理解话语，那么媒介技术为话语的传播提供了物质基础和传播的可能性，但是话语只为媒介技术主导的媒体等提供了传播的内容。而从拉克劳和墨菲的角度来看，他们对话语进行了新的阐释，话语与媒介技术的关系则发生了变化，他们把话语理解为"来自接合实践的结构化总体"，思想与观念是通过语言来表达和传递，而媒介是不同立场和力量展露与发声的平台，媒介技术则提供了物质基础和思想、信息传播的可能性，技术的支撑使媒介在实体层面的操作成为可能，话语作为接合社会实践的总体包括其边界的形成都离不开思想、信息传播的实践，离不开媒介技术。思想与信息的输出与接收、蕴含技术的媒介都是话语接合实践的重要组成部分。或者说，媒介是社会所有政策与政治的汇集之处，媒介本身就在社会实践的范畴内，包含媒介技术的媒介自身就代表了一种立场与倾向，是接合实践的一部分，立场或力量的扩散与展开也需要依赖媒介技术。当媒介技术呈现出新的变化，那么话语形成的结构化总体及其边界也将发生变化。话语理论为批判社会实践提供了新的方法论与视角，使话语、权力与政治有了新的见解。可以说，媒介技术不仅为政治、社会主体提供发声、对话的空间，也为多元的意识形态的对抗与争鸣提供了场所。

在拉克劳和墨菲的话语理论里，话语定义为"一种不断协商和建构的意义结构"，即所有社会现象和对象都通过话语来进行构建并获得意义，而建构的结果是只具有暂时和局部稳定性的稳定结构，其建构充满不确定性。他们通过批评马克思的唯物主义提出自己的本体论思想，他们否定传统的马克思思想中把社会看作是由部分构成整体的说法，把人民置于接合领域，对一个开放的社会来说，社会构造的基础和存在是其否定、批判的本质，社会的秩序与规定无论在时间与空间上都不是一成不变的，而是具有差异性的领域，社会作为整体是不需要缝合的，因为社会本身没有本质，不具有应当的规定性。

拉克劳和墨菲对社会的理解也颠覆了传统的理解，其是在话语理论体系下的理解。在传统马克思主义哲学的理解中，社会是一种实体，是在物质生产活动的基础上形成的人类共同体，而在话语理论体系下，社会的本体论维度是话语，或者说话语才是社会的本质构成，而话语具有不稳定性。而接合实践是由部分固定意义的节点构成的，因而它充当了在临时的话语场域中使意义具有稳定性的角色，而这种固定性来源于社会的开放性。话语场域具有无限性与延伸性，拉克劳和墨菲用话语的浮动来形容意义出场的偶然性，话语具有固定的部分，但同时也是无限的，在不同的语境下可能会产生出任何可能的意义，这种无限性与不稳定性是二人更倾向和看重的部分。

媒介技术为意识形态传播提供了可能性，媒介作为媒介技术的实体是意识形态重要的传播载体，是意识形态的斗争场域，其重要性不言而喻，虽然从事话语理论研究的政治学者看到了这一点，但是并未对媒介展开具体的研究与分析。后来的研究者才逐渐重视话语理论与媒介批判的结合，肖恩·费兰和林肯·达尔伯格在他们主编的著作《话语理论与批判媒介政治学》中总结道，后马克思主义的话语理论包括拉克劳和墨菲的话语理论对媒介传播的研究不够，而同时媒介政治学的学者们对话语理论也不够重视。

21世纪以来，比利时的学者卡彭铁尔（Carpentier）借鉴了拉克劳与墨菲的话语理论，运用话语理论中的很多概念对经验层面的传播媒介进行分析，以话语分析方法对媒介与意识形态的关系进行探究，认为媒介是多元意识形态接合与斗争十分重要的场域。拉克劳与墨菲已经论证了话语包含了诸多节点，而媒介领域的节点包括不同的社会实践，包括新闻的产生、新闻的立场、新闻的传播媒介、新闻传播背后的媒介技术、新闻从业者等，各个节点的链接形成话语，媒介作为意识形态的话语场所意味着话语斗争。卡彭铁尔对新闻受众的身份进行了话语式的阐释，认为受众是一种漂浮的能指，具有偶然性、相对性和浮动性，受众已经潜在地站在不同的立场，代表着不同的意识形态，比如，市场化的坚定支持者和女权主义者等，不同的语境能够引发不同的意识形态、不同的话语，而媒介的新闻业正是这不同的意识形态、话语斗争的场域。受众所处的不同语境包括其作为不同身份的场景，比如，作为公民、作为消费者、作为上班族、作为学生、作为家长，等等。受众作为媒介的参与者之一，在参与话语输出、意识形态输出的活动如电视采访、报纸采访、新媒体视频的录制或直播时，要结合受众的多重身份与语境进行分析。而受众输出话语和意识形态的角度也可以分为宏观与微观、主动与被动、公与私等，为理解受众的语境提供了思考维度。媒介技术作为话语的传播方式和手段，而媒介是话语传播中媒介技术的实体，是话语的节点。卡彭铁尔在《传播与话语理论》中的话语理论分析更强调话语的意识形态与政治特征，并总结了四个话语理论在媒介传播领域的思考方向：一是媒介传播中话语的修辞策略，这也是其他话语理论者在传播领域的研究重点，研究意识形态在媒介传播中的话语构建过程，使用话语分析的方式对媒介传播中的话语和意识形态的构建方式进行分析；二是通过对某些问题的话语争斗的过程进行分析，关注媒介传播、话语建构过程中媒介扮演的角色和发挥的作用，以分析作为媒介技术实体的媒介与话语之间的关系；三是话语传播中媒介与受众身份的解读，媒介被理解为话语、意识形态构建与传播的场所，甚至对广泛意义上的媒介如博物馆、剧场等话语的传播进行解读，对受众、观众的身份进行分析；四是从国家的宏观层面去探讨媒介与多元民主的关系以及媒介在民主化进程中的地位与作用。

媒体理论家、文化理论家、英国社会学教授斯图亚特·霍尔（Stuart Hall）在 20 世纪 80 年代就注意到了话语理论，并把"接合"概念运用到自己对媒介与文化关系的研究中，并用于分析意识形态的产生条件与过程。他虽然借用了话语理论的分析方法，但是对于拉克劳和墨菲认为的"世界与社会实践就是话语"的说法并不认同，他认为话语理论展现了社会运作的规律，但话语不是世界本身，社会只是如话语一般地运作着。

4.1.3　霸权与激进民主中的媒介技术

拉克劳和墨菲的话语理论在政治领域的应用主要体现在对政治领域及意识形态的研究中，后来学者使用话语理论中的话语分析方法对社会、经济、文化等社会现象进行分析和阐释，话语分析方法在各领域的应用展现了其独特的分析视角，显示了其在各个领域的广泛适用性和解释力。话语分析方法不同于以往的语言学的分析方法，以往语言学的分析方法的分析对象是话语本身，是作为语言的话语，而话语分析方法的对象是宏观的社会文化现象、社会实践，注重现象背后的意义，话语是建构意义的话语，话语是作为意识形态的话语，话语是作为表征的话语。话语分析方法专注于宏观文本与语境分析，致力于对话语背后意识形态与社会意义的探究，研究话语接合实践的内在逻辑，对事实与实践予以高度的概括、总结与抽象。

话语理论对意识形态的研究与媒介技术有交叉之处，把话语理论中的核心概念运用于意识形态与媒介技术的分析和研究中，对意识形态与媒介技术的关系进行探究，形成新的叙事角度和思想理论。话语理论的第二层次探讨了政治斗争的本质，认为政治场上不同势力的争斗正是对话语权的争夺；第三层次深化了第二层次的思想，把话语看作一种意义的表征和意识形态，在社会政治领域对接合、领导权、对抗等概念进行了新的诠释，证明了话语理论及话语分析方法广泛的适用性与应用性，为媒介传播与政治理论研究提供了新的思路和视域。

政治领域与媒体等传播媒介有十分切近的关系，一方面，政治力量需要仰仗媒介的报道获得在公众领域的曝光度，并希望有持续的曝光，并在曝光中打造积极、正面、可靠可信的形象为自身的政治生活服务。比如，撤侨行动正是在国家意志主导下对侨民侨胞的领事保护行为，但当撤侨行动在特殊状况下频繁发生并被国民广泛传播时，那么整个撤侨事件通过媒介话语展现的就不仅仅是国家力量，更输出了国家对国民的保护与关注，显示了国家对待国民的基本态度。另外，有话语资格的媒介也需要通过政治主体的行动以及要传达的信息来进行新闻报道。通常政治性没有在这样的媒介话语中被清晰、明显地展示出来，而是以弥漫的背景的方式影响着媒介话语。被提及的政治世界也与真实的政治世界有着不小的差距，尤其是娱乐节目比如电视剧更是如此。比如，以政治为创造背景的电视剧为例，有学者认为这种电视剧打造了一个虚拟的政治界，为了便于理解把复杂化的政治事件简化为可理解的元素与单元，而这种简化与真正的政治世界的复杂性有一定差距。而在现实生活中，新媒介技术使政治的话语媒介有了新的方式与可能性。特别明显的案例是特朗普几乎出乎所有人的意料在美国总统大选中获胜，正是依仗于他对新媒体等新媒介技术的积极利用，利用新媒体使民众更多地参与到政治事务、公共辩论中。当然，在新媒介技术的广泛应用之下，民众的话语表达也呈现出复杂化的趋势，而舆论是十分容易受到影响和蛊惑的。比如互联网上一些极端的思想呈现扩大化趋势，对其他民众的思想有不良的影响；比如民粹主义的话语对现实中社会事件的走势有着非常重要的影响。新媒介技术下媒介话语的传播更加广泛，对现实社会事件的进程及舆论造成重要的影响，可以说，新媒介技术对话语有深刻的影响，各种不同的思想倾向在新媒介技术的影响下呈现复杂化的传播趋势。

　　拉克劳和墨菲的话语概念超越了文本、语言学的意义，与社会实践相结合，形成一种不具有确定性、具有社会意义的"漂浮的能指"的结构化总体，在话语形成的结构化整体中，被话语连接起来的单个的东西被称为元素，元素被话语链接，元素形成的整体是一个反本质主义的、松散的、不稳定的、具有偶然性的整体，这样的整体具有开放性和多元性。把拉克劳和墨菲的话语理论应用于政治领域，形成了话语理论的第二层次，也就是霸权与激进民主理论。

　　拉克劳早在 1977 年就在《马克思主义理论中的政治和意识形态》中提到并论述了霸权与接合的概念，他与墨菲后来在《霸权和社会主义战略》中对霸权进行了更为详尽的论述，毫无疑问，霸权是拉克劳和墨菲的话语理论中十分重要的概念。拉克劳和墨菲的理论灵感来源于马克思主义，但他们解构了马克思主义宏大叙事的理论方式，认为阶级论与无对抗的共产主义思想并不适用于当下的社会，为了建立适应社会的理论体系，他们提出了解构马克思主义。拉克劳和墨菲的霸权概念是在葛兰西霸权概念的基础上建立的，拉克劳曾经在采访中说道："如果没有葛兰西，我们的整个思想规划都是不可能的。"他认为他和墨菲都是马克思主义者，而且正是葛兰西对他们的影响才使他们成为马克思主义者，可以说葛兰西是拉克劳和墨菲理论的起点，因此也有人称拉克劳和墨菲是"新葛兰西主义"。

　　俄国在十月革命之后取得了革命的胜利，建立了无产阶级政权，而几乎同时西方无产阶级的革命却失败了。葛兰西以意大利共产党为例对革命失败的原因进行了总结和反思，通过对东西方经济状况、发达程度、社会阶级构成的总结提出了文化霸权理论。葛兰西认为社会集团在知识与道德领域对其他社会集团的压制与领导被称为领导权，他把领导权分为两方面：文化领导权与政治领导权。政治领导权意味着政治上对其他社会集团的领导权，而文化领导权则意味着意识形态的统一和在思想上被认同的程度高于其他社会集团。当时的情况是，西方的经济状况明显好于东方，但是像俄国十月革命那样通过暴力的方式夺取政治领导权却失败了，葛兰西认为，西方无产阶级应当在斗争中争夺文化领导权以代替对政治领导权的追求，从思想上获得群众的认可，以意识形态为阵地，逐渐缓慢地取得文化领导权后，再实现政治领导权。葛兰西认为，在西方社会资本主义的统治相对稳定，需要采取迂回战术，先实现文化领导权，再过渡到政治领导权，要取得政治领导权需要先以实现文化领导权为基础。而在意识形态领域，某种意识形态对其他意识形态的主导权与领导权就是文化霸权，葛兰西更强调在文化、道德、知识与思想领域的霸权即文化霸权。拉克劳和墨菲提出的意识形态的建构方式，即不同的意识形态形成节点再链接起来形成具体的意识形态的方式也是意识形态形成对其他思想的优势的状态，也就是葛兰西所说的取得文化领导权的过程。拉克劳和墨菲认为马克思主义的阶级对立已经不再适用于当下的社会，他们对传统马克思主义的阶级革命理论进行批判，认为霸权具有非本质性、非阶级性的特点。

拉克劳和墨菲认为，每一种话语的意图都在于统治话语场域或构建一个话语中心，话语作为一个临时的、具有偶然性的整体，其边界与意义都是不固定、不稳定的，只有一些点是固定的，这种固定的点被称为节点，正因为节点的固定性使其成为临时的中心。拉克劳和墨菲的话语理论否定了马克思主义那种传统的、本质的中心，否认了本质的确定性。这一理论构成了霸权的前提，霸权正是在知识、道德、政治、经济等文化领域以节点为中心，在话语的扩张过程也就是元素不断接合的过程中，意义被部分固定、相对于其他意义的领导权优势，霸权形成的过程同时也是价值取向凝聚并被多数人认同的过程。霸权概念的形成受到了解构主义的影响，葛兰西认为只有文化霸权才是一种霸权，而拉克劳和墨菲则认为霸权不仅存在于文化领域，政治领域的意识形态也是一种霸权。拉克劳、墨菲和葛兰西都认为马克思的阶级理论不适用于现代资本主义社会，因为现代资本主义社会不再是阶级社会，葛兰西认为，应该以夺取文化领导权作为夺取政治领导权的前提和准备，现代资本主义的争斗是集体意志的争斗；而拉克劳和墨菲认为，政治意识形态的霸权或者说意识形态的斗争才是政治斗争的主要阵地和形式。在霸权形成的过程中，阶级主体的霸权地位并没有得到巩固反而在不断消解，女权主义、环保主义、宗教领导人等其他参与政治斗争的身份在社会政治领域中逐渐凸显出他们的影响和作用。费兰和达尔伯格评价拉克劳和墨菲的霸权思想来源于马克思主义，同时也是对马克思主义的发展，霸权的形成对于实现激进的多元民主具有积极的推动作用。

在话语理论中，每一个主体的立场作为一种话语立场在形成的不固定的差异化的封闭体系中具有了一种开放性。在这一开放体系中，每一种立场作为一个节点、一种意义受到自身的不完整性和其他意义的影响，在各个节点不能被同化的基础上，霸权链接成为可能，因此霸权的链接具有偶然性，这种链接方式破坏了总体性、整体性的完整性，但使社会其他意志具有合法性成为可能，在这一意义上，霸权思想为激进民主政治理论奠定了理论基础。拉克劳和墨菲否定了马克思主义阶级理论在现代资本主义社会中的适用性，认为现代西方资本主义社会下的无产阶级在历史和社会中的身份尚处于建构之中，其呈现出一种模糊的状态。拉克劳和墨菲认为，主体范畴在多元的话语领域中与其他话语的关系"渗透着暧昧、不完整和意义分歧"，不稳定的话语总体被主体范畴这种所具有的主体性渗透。拉克劳和墨菲认为阶级的划分不能以生产资料的占有进行划分，也无法判断其社会历史地位与身份，他们致力于以话语链接的逻辑代替传统的马克思主义本质化与中心化，意图超越阶级的社会构成论，从总体论走向多元化，实现激进、多元的民主形式。拉克劳和墨菲认为无产阶级暴力夺取政权的革命模式无法在西方现代资本主义社会下实现，他们希冀寻找一种可实现的革命模式，这种革命模式是以话语霸权的方式形成的，即通过在不同主体之间以连接的方式凝聚为一种话语，从而站在同一政治阵营，在发展自身话语形式的同时禁止和消除其他的话语形式，这就是在激进、自由和多元的民主斗争中有用的工具，即霸权概念。

拉克劳和墨菲的话语理论消解了主客体之间不可逾越的鸿沟，话语理论对主客体关系的阐释如下：首先，话语构建了现实本身。马克思以实践来取消主客体之间的沟壑，而拉克劳和墨菲则消解了话语与现实之间的壁垒，认为客体是包含在话语之中的，是在话语中获得意义的，独立于话语之外的客体是不存在的，这种建构方式与马克思的实践理论对主客关系的处理有相似之处。其次，话语本身具有物质性，物质不在话语之外，拉克劳和墨菲否认了现实与话语之间的对立，而是认为话语本身就包含了社会、物质、现实与实践。最后，话语能够直接影响现实与社会，这是最重要的一点，给予了霸权理论最核心的支撑，在改变话语的同时变革社会与政治领导权，这是拉克劳和墨菲建立话语理论的初衷，在这一点上二人与马克思一脉相承，不光为了解释世界更要改变世界，话语理论作为一种政治理论正是他们改变世界的工具。

媒介技术在话语理论中扮演怎样的角色呢？媒介技术是媒介功能的支撑，在话语理论与媒介批判交叉的研究中根据研究领域的不同有两种理论方向，一种是政治领域的政治理论，还有一种是日常生活领域。意识形态话语权之争不仅存在于政治领域、经济领域，在日常生活中也同样存在，日常生活中意识形态之争被称为"生活政治"。拉克劳和墨菲的话语理论明显倾向于第一种——激进民主理论，墨菲曾经在一次访谈中阐释了媒介在话语斗争中的地位与作用，他认为媒介在意识形态的产生、意识形态阵地的争夺与对抗中的作用十分重要，政治意识形态不可避免地展现出冲突性与斗争性，媒介为不同的社会立场提供了对话语争鸣的空间与场所，媒介与社会对抗、霸权、政治意识形态等权力相关的概念联系起来凸显了媒介在政治意识形态斗争中的重要地位，媒介话语应当体现多元化的特征，才能推动实现激进、多元化的民主。

霸权是拉克劳和墨菲的代表作《霸权和社会主义战略》中的核心概念，霸权意指在政治统治中被赞同与推崇的部分。如果是政治领域的政治霸权则表示该政权对其他权力的控制性与领导性，相对于其他权力具有优势性的地位；如果是文化、知识领域的霸权则与葛兰西文化霸权的思想十分接近。"霸权出现的一般领域是接合实践的领域，即元素尚未具体化为要素的地方"，霸权建构的话语场域具有暂时性，是节点具有稳定性但整体不稳定的开放性场所，接合实践正是在这样的场域中成为可能。开放性使得话语场域具有了多元化的可能，每一种社会立场、身份都是接合实践的节点，而话语作为多种社会立场、身份的场域，其内部具有对抗和斗争，但是传统马克思主义的阶级理论认为对抗是阶级之间的对抗，能够实现领导权的阶级只有一个，只有统治阶级与被统治阶级。但拉克劳和墨菲则不同，他们推崇的不是东风压倒西风，而是东西风都在，多元化才是民主，他们认为阶级划分已经不再适用于现在的资本主义社会，他把阶级转换为身份，比如社会身份、种族身份、民族身份、家庭身份、性别身份等。

拉克劳和墨菲的话语理论中的激进民主理论建立在霸权思想的基础上，激进民主理论体现了多元政治话语的竞争，激进民主政治是拉克劳和墨菲建立话语理论的最终目的，他们希望通过改变政治格局来改变世界。"左派的任务不是放弃自由民主的意识形态，相反，是在激进的和多元的民主方向上深化和扩大民主"，拉克劳和墨菲要建立的激进多元的民主政治指的是国家与公民在话语霸权的争斗中呈现出多元化的表达和意识形态，体现国家与社会对差异性的宽容与尊重。

墨菲通过区分"politics"与"the political"阐释了政治本身与政治

体制的区别。"politics"指的是政治本身，包含了人的社会关系中存在冲突与对抗的维度，政治就是人们对公民权利的争取过程；而"the political"指的则是政治上的体制，是国家对公共事务的管理，体现为国家治理的制度、机构设置、法律政策、意识形态等。而激进民主政治的目标是为了避免政治权力集中化的趋势，期望建立现代的民主政治，使政治领域中的意识形态呈现出多元化的表达。墨菲认为，多元意识形态、多种话语下的民主的政治体制才能使一个国家持续地、生机勃勃地发展。他主张的这种民主体制与其他民主制有很大的区别，比如代议制民主是指少数代表以讨论或辩论的形式进行主要立法与行政决策的制度，其基本宗旨是代表之间的协商以取消分歧，而激进民主政治则认为观念的冲突、立场的多样性是民主的核心意义，不应当把抹去矛盾和分歧作为民主的目标或商议的目的，各种立场、意识形态通过不断扩大自己的受众、扩张的方式来取得话语权。

4.1.4 话语理论中媒介技术思想的继承与发展

关于媒介话语分析的研究主要分为两个方向，一个是政治性的批判性的研究，另一个是日常领域具有实用性的研究。拉克劳与墨菲的话语理论主要集中于第一种，后来通过其他的后马克思主义研究者的推动，媒介话语研究不再局限于政治领域，也逐渐延伸至日常生活领域。

拉克劳与墨菲话语理论中关于媒介技术的思考对后来的研究者产生了重要的影响，话语分析方法被广泛应用于政治、经济、文化等领域，激发了后来的学者关于话语理论与媒介、政治关系的思考，比如后来的澳大利亚学者林肯·达尔伯格与新西兰学者肖恩·费兰在《话语理论与批判媒介政治学》中通过把话语分析作为方法论应用于政治与媒介传播学的理解中，形成的媒介政治学被称为"批判的媒介政治学"，其主要关注的并不是媒介在国家政治选举与治理过程中的作用与角色，而是关注于媒介、话语与领导权的关系，倾向于媒介、话语在民主政治中的价值与意义的探讨，"批判的媒介政治学"反思资本主义政治领域中的理论视域是话语理论中的激进民主政治，其分析方法是话语分析，在此基础上对主导媒介的话语秩序问题进行反思，并思考在新媒介技术兴起的环境下媒介在政治领域起到的新作用与应对经验。而卡彭铁尔也对政治领域十分关注，他虽然没有明确地表示他使用了话语理论或话语分析方法，但是他的很多思想与话语理论十分相近，可以说是不谋而合，很难说他没有受到话语理论与话语分析的影响，他研究和分析了媒介与政治意识形态在日常生活中的作用以及对日常生活的政治渗透。他认为在媒体技术高度发达的当今社会，媒介已经无法避免地渗透到社会的各个领域。包括政治意识形态的斗争和日常生活中的话语权都离不开媒介的介入与影响，也可以说意识形态与话语权的对抗以媒介为场所。还有学者通过话语理论探讨主流媒体如何在情感性表述和心理分析时通过情感性语言在热门的报刊隐晦地表达意识形态和政治理念。

　　除此之外，话语理论和话语分析与各国不同的语境具体结合形成了新的理论成果。希腊学者迈诺斯在关于经济危机的报道中通过话语分析的方式对希腊《每日报》中显露出的"新自由主义"意识形态进行了分析，对其中的话语策略进行了揭露与批判。《每日报》在报道全球性经济危机时，规避了经济危机是资本主义社会由于结构的缺陷导致周期性爆发的事实，把经济危机的发生归咎于地区性的经济问题与道德问题，进而避免了民众与希腊当局的矛盾，通过话语上的策略维护了希腊政府的意识形态领导权。比利时学者德克林则看到比利时的极右翼政党弗拉芒集团通过在讲荷兰语的弗拉芒地区进行艺术演出与布展的形式对自己的民族主义、民粹主义和保守的意识形态的宣扬，德克林使用了拉克劳和墨菲的话语理论中的概念分析了弗拉芒集团在意识形态表达中的话语建构与修辞方法。瑞典学者菲利蒙诺夫和斯文森则看到女权主义者在 2014 年瑞典议会选举期间，借助网络等新媒体将其政治诉求整合到意识形态话语的建构中，从而形成更有效的竞争方案。

达尔伯格在著作《话语理论与批判媒介政治学》中这样评价话语理论：话语理论从本质上来说是一种政治理论，是对社会关系中霸权形成过程的阐释，无论是话语与实践的接合还是话语意义的扩张都需要通过媒介这种形式，因此话语理论是一种与媒介息息相关的政治学理论。不仅如此，话语理论建立在对社会关系、权力构成等社会观察的基础上，致力于改变原有的政治体制，因此话语理论也可以被称为一种媒介政治学思想，话语分析的方法也成为一种批判媒介政治学的方法论。在该书其中一章，主编之一的达哈格林认为，话语理论是一种与媒介相关的政治理论，是一种综合理论，可以为媒介政治学提供一种有效的经验分析工具。

杰瑞米·吉尔伯特是《话语理论与批判媒介政治学》的主编之一，他通过话语分析方法表达了文化符号在当代媒介中的重要性，他在书中运用符号学阐释了民主，并使用拉克劳和墨菲的话语分析方法来解读媒介中传递的情感意识。他认为"后马克思主义话语理论一直以来侧重心理分析中无意识的不可克服性，同时强调理性认知与躯体的苦乐感知之间相互渗透的界线"，并试图从后马克思主义心理分析的角度去理解话语理论、去理解民主。他认为："电视才艺选秀节目虽然在再现新自由主义的霸权方面扮演了非常复杂而又相当重要的角色，但最终却提供了一些有关文化构成类型的反思性话语，这些文化形式可能会反过来被理解为生成了各种情感类型和理性模式。这可以被视为激进民主的特征。"瑞典学者彼得·达尔格伦（Peter Dahlgren）也为该书做了总结，他把批判媒介政治学理解为一个多学科、多研究领域交叉的科学，话语理论可以作为进入这一科学的方法论与理解视域。他认为拉克劳和墨菲的话语理论具有多维性的同时也具有复杂性，把话语理论分为三部分，即作为哲学理论的社会本体论、激进民主政治理论和作为方法论的话语分析方法。话语理论也许不能主导媒介政治学的发展，但是一个值得深度研究与挖掘的理论，为我们解读社会现象提供了一种新的思路与方法。

4.1.5 话语理论中媒介技术思想的评价

拉克劳和墨菲话语理论所代表的后马克思主义话语理论具有广泛的适用性，话语理论中很多关键的理论概念都与媒介传播学重叠交叉，因此媒介传播学与媒介政治学的学者十分重视话语理论，或者也可以说话语理论对媒介传播学与媒介政治学的学科发展产生了积极的影响。拉克劳和墨菲话语理论的理论优势在于能够通过分析和运用使研究者观察到媒介话语所表达的诉求与意识形态、价值甚至目的，为研究者对现实社会的认知提供了独具特色的话语解读方法论。

拉克劳和墨菲话语理论相较于其他话语理论的劣势在于尚未形成成熟的使用模式，从理论到经验的运用尚显青涩，这种从理论到经验层面的运用过程还需要摸索。虽然无论是在媒介政治学还是传播领域，很多学者都给予话语理论和其中的话语分析方法以较高的评价，其中的话语分析方法也被广泛地用于对媒介话语策略、媒介叙事方式的分析中，但拉克劳和墨菲话语理论的本体论建构方式在学界也引来了一些批评，有的传统马克思主义者批评话语理论中以话语包含实践的做法违背了马克思唯物主义的初衷，是一种唯心主义立场。但是，拉克劳和墨菲曾经回应过对他们的质疑，他们的社会本体论也是为了跳出唯物主义和唯心主义二元论的制约，"我们肯定每一个话语结构的物质特征。相反，我们要超越没有话语介入的客观领域与由纯粹思想表达构成的话语之间的二分法教条，这正是当代思想潮流一直试图打破的二元论"①。因此，不能单纯地从唯物主义或唯心主义去甄别话语理论。拉克劳与墨菲取消了福柯对于话语与非话语的区分，认为不同的话语之间是有界限的，这些界限本身是一种社会实践，而社会实践与话语是共生的，话语之外的实践、事实无法对世界产生结构性的影响。这种建构方式类似于马克思实践本体论的建构方式，马克思承认自然与物质的先在性，但是这种先在性与人的实践无涉，马克思举例澳大利亚冒出的珊瑚，其对人的实践毫无影响，人与自然的实践关系应当是彼此互为对象，马克思关注的是与人有关的自然界。拉克劳与墨菲这种建构社会本体论的方式与马克思的实践本体论十分相近。虽然拉克劳与墨菲极力避免话语与社会存在的割裂，却没办法避免话语的霸权对社会存在起到决定作用的表述。如果从传统的马克思主义来看，拉克劳与墨菲确实有滑向唯心主义的倾向，同时也忽略了马克思实践本体论的价值导向。

　　从拉克劳和墨菲的话语理论对我国媒介传播学方面的研究来看，话语理论及其话语分析方法确实给我们带来了新的观察视域与分析方法，但拉克劳和墨菲话语理论的理论出发点是西方现代资本主义社会，这种理论在怎样的程度上会与我国的国情和语境相契合、到底我们能够借鉴多少，从现在的研究成果来看还很难说。如果不从政治领域来理解话语理论，而从媒介与文化的多元化角度来看，话语理论尤其是话语分析方法确实有一定的价值。媒介传播学的研究者可以通过对媒介场域中的新闻话语、受众反馈等观察中进行思考。无论如何，了解话语理论及其话语分析方法有助于国内媒介传播学视野的拓展和思路的开拓，也有助于我们理解西方国家媒介的思维方式以便加以应对，以西方国家能够看懂、能够接受的方式进行宣发和传播。

---

① Laclau E，Mouffe C. Hegemony and Socialist Strategy：Towards a Radical Democratic Politics［M］．London：Versa，2001：10.

西方无产阶级发动暴力政变，结果却是夺取政权失败，俄国十月革命的成功与无产阶级革命在西方现代资本主义国家失败的对比促使拉克劳和墨菲进行思索，他们的话语理论正是传统的马克思主义在西方资本主义社会面临危机和质疑时对新的革命方式的探索和回应，拉克劳和墨菲在后结构主义的影响下试图开拓一种新的理论视角来重新解读传统的马克思主义。虽然他们这种做法极具批判性精神，但是也难免因其操作性差而被诟病为具有空想主义倾向。唯心主义倾向、空想主义倾向、缺乏可操作性都是话语理论的局限性所在。一方面，话语理论夸大了话语在社会实践中的决定作用，拉克劳和墨菲强调话语对于社会实践的决定性作用，话语包含社会实践，他们认为话语是意识形态与社会实践共生的整体，但实际上，马克思对于意识形态与社会实践的关系早有论述，意识形态自身也是社会实践的产物，是人主观能动性创造的。从这一角度来看，拉克劳和墨菲关于话语与社会实践关系的论述，"人们在改变自己的这个现实的同时也改变着自己的思维和思维的产物。不是意识决定生活，而是生活决定意识"①。拉克劳和墨菲受到后结构主义的影响，意图解构传统的马克思主义，反对传统马克思主义本质主义的传统，认为本质主义不适用于西方现代资本主义社会。拉克劳和墨菲摒弃了马克思对阶级的分类与论述，认为不应以生产资料的占有情况即经济情况来决定人的身份，由此认定马克思经济基础不对上层建筑有决定的作用，否定了经济的基础性地位，而转向了话语。拉克劳和墨菲把话语看作对社会实践与发展具有决定性影响的因素，而话语具有一种开放性与漂浮性，使得话语具有一种偶然性、暂时性、不稳定性。由此，拉克劳和墨菲夸大了偶然性，解构了必然性，但事实上，拉克劳和墨菲的社会本体论没有强大的哲学理论支撑。相反，马克思主义哲学把客观世界理解为

---

① 马克思，恩格斯．马克思恩格斯选集：第 1 卷［M］．北京：人民出版社，1995：73.

彼此联系的整体，客观世界的一切都是受因果关系影响和制约的，在影响事物运动和变化的因素里，有本质的因素也有非本质的因素。事物的发展是由根本的、本质的、决定性的因素所决定的，被决定的事物发展有明确的发展走向，这是事物发展的必然性，必然性即意味着方向性和确定性，指的是事物在特定条件下只能以唯一的方式存在并从可能转化为现实。在这一过程中，非本质的因素使事物在确定的发展方向上但在具体环节上又表现出不确定、不稳固的特点，即现象中的偶然性。偶然性可能会出现，也可能不会出现，也可能以其他的形式出现。马克思主义哲学是发展中的哲学，不是闭合的圆环，是开放性的哲学，事物的本质是历史的、具体的，但并不是一成不变的。而拉克劳和墨菲的思想并不符合马克思主义的基本理论，认为经典马克思主义的确定性与必然性是一种束缚，是需要挣脱的枷锁，过于强调世界的偶然性，否认世界的必然性，会陷入一种不确定性，成为非决定论。但是从另一个角度看，拉克劳和墨菲在否定必然性的同时，又赋予了话语以决定性的地位，使得话语成了一种新的必然性。从这方面来说，拉克劳和墨菲的话语理论自身具有矛盾性或者说致命的缺陷。世界的多元化成为一地碎片，一切都充满不确定性，没有中心，世界成为多元话语的拼凑，人不再是一切社会关系的总和，而是立场、身份、话语的总和，也违背了经典马克思主义中历史唯物主义的基本看法。

　　另一方面，拉克劳和墨菲的话语理论具有空想主义倾向，革命理论缺乏可操作性。拉克劳和墨菲提出构建话语领导权，作为取得政治领导权的准备工作，但是这种话语领导权忽略了对实际社会结构、国家性质的探讨与研究。这样研究出来的理论是没有操作性的，对于他们倡导的激进的民主如何实现也没有提供具体的途径，这样的话语理论只停留在理论上，而没有途径和方法介入现实或对现实起作用。从这一角度看，拉克劳和墨菲的话语理论是无效的、不成熟的。

　　话语是一种传达价值理念、知识与文化的符号，具有明显的意识形态特征。在新媒介技术影响下的话语权的争夺与斗争也变得十分激烈，各种话语的冲突与碰撞不可避免，各种理论也层出不穷，应获得甄别各种理论的能力并保持在话语权的争夺和意识形态的博弈中获得主动权。首先，要坚持马克思主义的基本理论与观点。时代在不断变化，媒介技术也在不断更新，媒介传播渠道扩张迅速，在这种情况下，个人的立场有时也能够对社会实践产生影响，但个人立场也是由他的经济基础、经济地位决定的。我们在甄别思想理论、创新思想的时候必须坚持马克思主义的基本立场与观点，这是我党我国的立党之基、立国之本。马克思主义的辩证唯物主义和历史唯物主义揭示了人类社会历史发展的总趋势，也经受住了现实的考验，中国经济的飞速发展证明了马克思主义基本立场与观点的正确性。要想在复杂多变的意识形态斗争中保持清醒的意识，就必须坚持马克思主义基本观点，因为马克思主义是对人类思想成果和社会实践经验的科学总结，应坚持马克思主义关于自然、社会和人类思维规律的科学认识。坚持马克思主义基本方法即坚持辩证唯物主义和历史唯物主义的世界观和方法论，了解并把握社会发展规律。同时，不能忽视意识形态的领导权作用，话语理论在一定程度上凸显出意识形态领导权在社会实践中的重要性，认清这一事实对社会主义实践中政治政策有建设性意义。我国已经意识到意识形态话语权对于国家形象、国家软实力的重要性，宣扬中国特色社会主义意识形态，让西方资本主义社会更了解社会主义，增进了解以减少矛盾和纠纷。习近平总书记在党的十九大报告中提出要"牢牢掌握意识形态工作领导权"，正是看到了意识形态对政治、经济、文化等领域的重要影响力，我国要在世界格局不断变化和国内经济社会不断变革的情况下，在建设中国特色社会主义意识形态时必须把牢牢掌握意识形态领导权作为工作的重心和重点。

总的来说，拉克劳和墨菲的媒介技术理论在当时的理论和实践背景之下发展出了后马克思主义理论，并且这一理论看到了那一时代下的媒介技术与社会的关系，尤其是反映在政治生活和日常生活之中并且阐述了媒介技术对建构和控制意识形态的重要性。拉克劳和墨菲一些具有开创性的思想对之后的后马克思主义者们包括齐泽克的媒介技术思想产生了影响，并且可以看出拉克劳和墨菲的媒介技术思想受到了德波和鲍德里亚的启发，即关于媒介技术对日常生活、政治的影响和反思当代媒介技术是如何建构意识形态的。

第 5 章

后马克思主义演变：齐泽克的媒介技术思想

齐泽克的媒介技术思想从德国古典哲学、拉克劳和墨菲、马克思主义哲学和心理分析中汲取了大量的能量，其媒介技术研究贯穿着拉康的精神分析理论。齐泽克从精神分析的角度看待媒介，看到媒介技术对意识形态构建和形成中的重要影响，也看到了意识形态对虚拟现实的控制，并且分析了媒介的符号暴力成了媒介价值观的背景，使客观暴力无批判地充斥着全世界，并扭曲主观性遮掩客观暴力。本章主要从精神分析视角下的媒介、电影媒介技术和人工数字媒介技术构造的赛博空间三个方面对齐泽克的媒介技术思想进行阐释。

5.1　精神分析视角下的媒介

5.1.1　网络媒介对生活的监控作用

齐泽克在《云中的自由：论斯诺登》中谈论当代媒介尤其是网络媒介的无所不在和全方位的席卷时使用了康德对"公开"与"私下"领域的划分。在康德的体系中，"私下"是指我们所处的共同体和体制秩序，而"公开"是指一个人理性实践的跨民族的普遍性："必须永远有公开运用自己理性的自由，并且唯有它才能带来人类的启蒙。私下运用自己的理性往往会被限制得很狭隘，虽然不致因此而特别妨碍启蒙运动的进步。而我所理解的对自己理性的公开运用，则是指任何人作为学者在全部听众面前所能做的那种运用。一个人在其所受任的一定公职岗位或者职务上所能运用的自己的理性，我就称之为私下的运用。"① 齐泽克认为，康德的这种区分在互联网和新媒介的今天是格外适合的，自由的公开使用和私下控制之间不断地撕裂着当今这个时代。齐泽克看到了当今时代新媒介的出现导致了个人信息的透明，监控仿佛无所不在地窥探着人们的隐私，并且随着个人智能手机等媒介的出现，我们的透明度越来越高，随着对这一套新媒介在工作和生活等方面的全方位依赖，我们的生活就越被这一整套的监控系统所控制。但是齐泽克同样看到了这一监控的问题恰恰是信息量太大导致的无法简单处理，进而导致了监控的不完全可能，但是这一监控更为关键的是起到了"老大哥"的作用。

5.1.2　媒介技术作用下景观与现实的混淆

齐泽克在《变态者电影指南》中分析当代媒介景观时揭示了大量媒介传递给我们的意识形态。齐泽克受到拉康理论的影响，认为当代媒介是一种变态的特征。（拉康认为，变态指过度依恋的秩序或欲望结构，其典型代表是恋物癖）齐泽克看到了当代资本主义媒介技术过度依赖于某种特定的学科、技术和框架，这是一种恋物癖似的特征，而齐泽克通过视察之见去解读当代资本主义媒介技术。"那些所谓站在经验主义去强调数据和经验的人，却悖谬地在情感上移情于'有意义的整体'，但是要在媒介景观中理解实际生活中的（被媒体中介的）经验，

---

① 康德. 历史理性批判文集［M］. 何兆武，译. 北京：商务印书馆，1996：24-25.

这种经验主义没有多大的用处。"①

5.1.3　媒介对意识形态的建构与批判

　　齐泽克运用了精神分析的方法分析当代媒介技术，从心理角度描述和形容人对媒介的感受。齐泽克从当今媒体中看到了两个更深层次的症状——神经症和精神病。精神分析学派创始人弗洛伊德认为，神经症和精神病对现实的态度不同，神经症并不否认现实，只是无视现实；精神病否认现实并想方设法要替换它。齐泽克认为这种心理状态是当代媒介景观的特征，精神分析是理解其特征的重要手段。以"9·11"事件为例，齐泽克认为面对"9·11"事件美国选择退回到已经自我封闭的幻想圈，这会使其敌视外界，发泄迫害妄想情绪。"尤其可把电视节目视为媒介操控下的一种神经症行动，战争的暴行在此被升华包装成娱乐形式，一下子从脚踏实地的现实飞上了天空……我们是'分心'的诸众，控制我们的，是眼睛，而不是大脑，对于媒介化的神经病我们敷衍一下，然后就不了了之……媒介的伟大事业都是欺骗性的。"②

　　社会现实的建构是由意识形态来达成的。齐泽克认为："意识形态不是我们所建构的用来逃避难以忍受的现实的梦一般的幻觉；就其基本维度而言，它是用来作为对我们的'现实'自身支撑的幻象，建构一个结构我们有效真实的社会关系，因而遮蔽了某些难以忍受的、实在界的不可能之内核的幻觉。意识形态的功能不在于给我们提供一个逃离现实的出口，而在于给予我们逃离某些创伤性的实在界内核的现实本

---

① 保罗·A. 泰勒. 齐泽克论媒介 [M]. 安婕，译. 北京：中国传媒大学出版社，2019：13.

② 保罗·A. 泰勒. 齐泽克论媒介 [M]. 安婕，译. 北京：中国传媒大学出版社，2019：18-19.

身。"① 可以说意识形态幻象是社会现实的支撑点，存在于社会现实中并遮蔽了社会的不可能性。通过意识形态幻象将社会构建为一个无对抗的内在统一的社会。当某一个普通物被置于不可能之原质的位置上，成了意识形态的崇高对象，某一普通物不过是社会不可能性的代理。齐泽克将这一过程解释为，无用的原质之空缺转化为需求的某种具体的物质对象；一旦这种对象占据了原质的位置，这个具体物质对象就具有了崇高性质。②

齐泽克看到崇高对象排除了主体的理性选择与思考的特征具有淫秽性，这个淫秽性是指意识形态强调形式的属性。淫秽性的表现可以总结为三个命题：其一"康德即萨德"，其二"信仰的客观性"，其三"律令就是律令"。

其一"康德即萨德"。在拉康看来，两者在某方面其实是一致的，"崇高、无私的伦理态度与无限地沉溺于享乐，是不谋而合的"。齐泽克认为，康德伦理学强调人们要遵从一种本身是无意义的绝对内在的道德律令，我们在遵从道德律令时势必会放弃思考、选择盲从。因此，拉康从其理论出发看到了康德的道德要求如何隐藏了淫秽的超我律令："享受快感（enjoy）！"——这是大他者的声音，它迫使我们为义务而义务，它是对不可能之快感的诉求的创伤性侵入，扰乱了快乐原则及其衍生物现实原则的动态平衡。③ 拉康将康德与萨德并置，是因为康德之绝对道德律令与萨德一致，强调形式的维度。"它不是存在于附着在律令的纯形式的经验'病态'内容并玷污这一形式的残留和剩余物中，而是存在于这种形式本身之中。只要其形式自身作为促使我们遵守其指令的推动力量，道德律令就是淫秽性的——只要我们因为它是律令而不是

---

① ZIZEK. The Sublime Object of Ideology［M］. London：Verso，1989：45.
② ZIZEK S. The Metastases of Enjoyment［M］. London：Verso，1994：95.
③ ZIZEK S. The Sublime Object of Ideology［M］. London：Verso，1989：81.

因为某些实证的原因而遵守它：道德律令的淫秽性是其形式属性的对应面。"①

其二 "信仰的客观性"是指其蕴含于人们一系列的实践活动和生活实践之中。信仰并非从主观寻找，而是注重一系列的外在形式，并且只是单纯的盲从，体现了其淫秽性。

其三 "律令就是律令"是指法律之所以被人们所服从并非实证或推理的结果，而是因为律令就是律令。"被压抑的不是律令的淫秽性的起源，而是律令不是作为真实的东西而只是作为必需的东西被接受这一事实，即其权威性与其真理性无关这一事实。"② 这种服从只是外在的服从，"因而对于律令的外在服从不是对外在压力的服从，对所谓非意识形态的粗暴力量的服从，而是对指令本身的服从——就这个指令是不可理喻无法理解而言；就这个指令保持其创伤性、病态性特征而言。"③ 法律在拒绝人们理性追问并且只是让人们沉溺于对其形式化的遵守之中就具有了淫秽性维度。

从道德、信仰、法律的角度体现了社会意识形态幻象的淫秽性。意识形态要求人们无条件地遵守其形式，其目的是要达到人们的无意识层次，令人们盲目服从和遵守。

5.1.4 媒介的非意识形态伪装

齐泽克善于用比喻讲故事的方式阐述自己的思想，其在《暴力》中的 "手推车的故事"正好反映了西方媒体擅长在 "非意识形态"的伪装下发生意识形态的作用。在《政治正确是一种更危险的极权主义》

---

① ZIZEK S. The Sublime Object of Ideology［M］. London：Verso，1989：81.
② ZIZEK S. The Sublime Object of Ideology［M］. London：Verso，1989：38.
③ ZIZEK S. The Sublime Object of Ideology［M］. London：Verso，1989：31.

（*Political Correctness is a More Dangerous Form of Totalitarianism*）中，齐泽克看到了西方媒介话语体系把"民主"当作政治讨论的永恒背景，而民主本身是不是绝对不可批评的呢？齐泽克认为，"理论家"应该与这一概念保持明确的批判性的距离。

齐泽克在《图绘意识形态》中将意识形态划分为三种形式，即作为观念复合体的意识形态、客观形式的意识形态和"在社会'现实'之心脏起作用的'自发的'意识形态"。他认为意识形态就是社会现实本身，是在社会核心起作用的意识形态并建立在主体对其非知之上的社会现实。意识形态结构着社会现实，意识形态幻觉构建了他们的社会行为，但他们却似乎一无所知。因此，幻觉是双重的：它存在于对结构我们对现实的真实有效关系的幻觉的忽视之中。这种被忽视的无意识的幻觉正是可以被称为意识形态幻象的东西。齐泽克看到当今人们已经不再信奉意识形态，但是他们的行为仍然受非意识形态伪装下的媒介技术的影响。

5.1.5 媒介成为暴力符号

进入 21 世纪后，资本主义媒介社会中的暴力事件越来越多，齐泽克对这一充满"暴力"的新世纪进行了思考，尤其是对"暴力"与媒介社会的关系进行了深度反思。他在《暴力：六个侧面的反思》中区分了三种暴力：主观暴力、客观暴力和语言暴力。"主观暴力（subjective violence）被我们体验为一种将非暴力的零层面（zero level）当作其对立面的纯粹暴力（主观暴力被视为纯粹暴力）。主观暴力被视为对事物'正常'和平状态的扰乱。"① 主观暴力指容易归咎于某个个人身上的暴

---

① 齐泽克. 暴力：六个侧面的反思［M］. 唐健，张嘉荣，译. 北京：中国法制出版社，2012：2.

力，就媒介而言，主观暴力可见于新闻中的暴力。无论是在阿富汗战争还是电视真人秀中都能看见一些暴力场面。客观暴力（objective violence）被称为不可见的系统暴力、社会的结构性暴力，指未被充分认识的力量和压迫，但它们形成了一种有效地约束着社会的行为。在一个媒介景观社会中，客观暴力不可见，因为这对媒介不利。媒介发挥了其作为一种崇高的象征性阉割体系的作用，传播了一种基本的中介的暴力，其中那些明确的景观取代了对产生这些景观背后的收益原因的思考。媒体永远回归到意识形态上，掩盖客观暴力的伪客观性。"语言暴力"是指以语言形式所体现的符号暴力。过度依赖媒介的形象，意识形态将变幼稚，齐泽克认为我们应该多加思考人类交流沟通无法摆脱的暴力。

媒介话语的标准范围被齐泽克问题化了，更多的交流意味着更多的冲突，暴力符号成为媒介价值观最突出的背景。

主观暴力在媒介中呈现出一种非理性的对抗性。

当今的媒介社会中充斥着大量的暴力事件，尤其是表现为非理性对抗性质的主观暴力。例如，2005 年 10 月法国巴黎发生了移民青年大骚乱事件，齐泽克认为，相比于 1968 年的"五月风暴"，2005 年的骚乱则是无理想无政治要求的骚乱。这种暴力是一种零层面的暴力示威，无关任何政治、经济和文化的要求，他们要求的是身份认同，这种就是主观暴力。暴力事件本身就是一个信息，正如马歇尔·麦克卢汉所说的"媒介本身就是信息的内容"。齐泽克认为法国的大规模骚乱不是为了解决政治问题，而实际上是把自身作为一个问题提了出来。"他们的目的是制造出一个问题，以传递他们是一个不能再被忽视的问题这一讯息。这就是暴力是必要的原因。假如他们只是组织了一个非暴力示威，他们就只会成为报纸尾版上的一则小新闻……"① 当代媒介社会乐于报道这样一些暴力事件去审慎地培养观众的震惊感，并把"震惊战术起到的意识形态作用"② 通过媒介的景观展示出来，让群众失去自己的判断力和思考。

客观暴力是资本主义的制度性暴力。

美国常年发生白人警察暴力执法致黑人死亡的事件。这种事件反映出黑人普遍的无人权处境和美国法制的腐败，这些警察的个人暴力就是一种立法暴力和执法暴力的结合，这种暴力来自资本主义制度本身，这种暴力就是客观暴力。

齐泽克将客观暴力分为两种类型：一种是剥夺和镇压；另一种是威慑和精神压迫。齐泽克认为，客观暴力这种无形的暴力也是意识形态上的国家机器的话语暴力。事实上，只要制度权力存在，系统暴力就可以说是某种程度上的不可避免，因为客观暴力是维护统治阶级剥削关系的必然手段。从当今世界的暴力事件来看，更多的暴力事件是来自发达资本主义的客观暴力。客观暴力的观念需要被彻底历史化：在资本主义中，客观暴力采取了一种新形态。……正是资本的自我驱动的形而上的舞蹈在操纵着整个表演，它是导致真实生活发展和灾难发生的关键所在。这里存在着内在于资本主义的基础性系统暴力，这种暴力比任何直接的、前资本主义的社会意识形态暴力更诡异：我们不能再将这种暴力归咎于任何具体个人和他们的"邪恶"意图，它是一种纯粹"客观的"、系统的、匿名的暴力。③

当代媒介社会的客观暴力就在于资本主义社会制度本身。齐泽克认

① 齐泽克. 暴力：六个侧面的反思［M］. 唐健，张嘉荣，译. 北京：中国法制出版社，2012：70.
② 保罗·A. 泰勒. 齐泽克论媒介［M］. 安婕，译. 北京：中国传媒大学出版社，2019：154.
③ 韩振江. 齐泽克论暴力与资本主义［J］. 学术交流，2016（03）：5-10.

为马克思描述了资本的本性，即不断获取利润的自我增殖，这种资本的本性在金融危机中暴露无遗，这种客观暴力存在于资本主义制度之中，并隐匿在社会的媒介之中。

当今媒介社会下，主观暴力是容易被报道并容易被谴责的，但是客观暴力却很少被谴责，这是因为在资本主义的媒介之下的系统化的客观暴力被巧妙地隐藏起来。客观暴力是一种系统性的暴露，它是为了维护统治和剥削关系的有形和无形的暴力。主观暴力是无意义的爆发，是干扰社会统治秩序的；而客观暴力则起到类似维护社会统治秩序的作用。

语言暴力（象征暴力）是媒介社会的文化暴力。

2015 年 1 月 7 日，位于法国巴黎的《查理周刊》总部遭遇袭击，事件造成 12 人死亡，其中有 10 名记者、2 名警察。《查理周刊》是法国著名的极左翼杂志，经常通过激进、调侃的语气讽刺极右势力、天主教、伊斯兰教、犹太教，有非常明显的反宗教和"左倾"倾向，而袭击者在袭击中高呼圣战口号，这是恐怖袭击的手法，让人联想到穆斯林极端主义者。这一事件致使法国和伊斯兰世界群众发生了暴力冲突，而冲突的关键正是当代媒介社会下媒体的语言冲突导致的暴力事件。这种由语言冲突引发的暴力事件，似乎是两种文明守护各自信仰的文明冲突，但事实则是法国白人的鲁莽言语对伊斯兰宗教的语言暴力，是一种肆意妄为的语言暴力。可以说，西方中心主义给伊斯兰国家造成了意识形态的幻象，这种意识形态幻象被讽刺先知的漫画激活了，这个意识形态幻象的核心正是语言符号。

很多学者认为语言与暴力有着本质的区别甚至是完全相反的作用，起到沟通交流作用的语言是为了沟通和化解斗争，语言的出现使得社会进步并且远离了暴力。让-玛丽·穆勒（Jean-Marie Muller）指出，"因为人是一种'言说的动物'，而这意味着对暴力的放弃定义了人类特有的核心：'实际上，构成人性和人类、构成那以信念和一种责任感为基础的道德之一致性和确当性的，正是……非暴力的原则和方法'，因此，暴力确实'是人性的彻底反常'。"① 他认为人不同于动物依靠暴力，人可以用语言沟通分歧和矛盾。齐泽克看到了语言的另一面，语言暴力也是一种人独有而动物没有的暴力，只有人类才会运用语言去挑衅、侮辱、贬损对方，使得对方激怒、生气，甚至发生暴力。在齐泽克看来，语言暴力是高于肢体暴力更加本质的元暴力。从精神分析角度看，语言对事物的命名符号化过程本身就是对事物的一种暴力玷污的过程，语言将被指涉物简化为单一特征，它肢解事物并将它的局部和属性视作具有自主性，它将事物投入外在于自身的意义场域之中。

齐泽克认为话语媒介空间是由一个"主人能指"缝合其他"漂浮能指"构成的。每一个话语媒介空间里都有一个"主人能指"作为核心，在这一话语结构中，"主人能指"的话语暴力强加给其他"能指"。话语暴力体现了霸权，话语媒介空间本身就是非平等交互的空间。同样道理，媒介社会中隐匿着关于西方意识形态控制下自由与暴力的话题，他们并非寻求暴力背后的根源，而是简单地理解为自发野蛮的行为。

在关于暴力的认知上，西方学者在其所处的主流意识形态里不对暴力进行具体区分，而是将其认为是"坏"的暴力，并且认为，对于暴力，只要用"好"与"坏"来区别，其标准将会宽泛，那么个人暴力行为将随标准的变化合理化。但齐泽克认为，当生命受到威胁而必须去运用攻击手段时应该叫"攻击"，出于"求生驱力"的攻击应该叫"攻击"而不是"暴力"，而出于"死亡驱力"的攻击才叫"暴力"。齐泽克认为，"'暴力'攻击的过剩，这种过剩的欲望扰乱事物的正常运作。

---

① 齐泽克．暴力：六个侧面的反思［M］．唐健，张嘉荣，译．北京：中国法制出版社，2012：54-55.

我们的任务变成消灭这种过剩"①。齐泽克认为，暴力的区分应该在欲望（desire）与需要（need）的区别上，而不是在善与恶的区分上。需求和欲望这一对概念来源于拉康的精神分析，需要是物质的、生理的、有限的匮乏，欲望则是在需要之上过度的要求，视为对缺乏的欲望。因此，齐泽克认为，欲望所要求的比需求多得多，"欲望就是以要求表达需要时所产生的剩余"。"换言之，正是语言自身推动我们的欲望跨越正当限制、把它转化为一种'无限的欲望'、将它升级为永不可以满足的绝对斗争。"从这一理论来看《查理周刊》事件，虽然法国可以行使言论自由，但在《查理周刊》攻击先知时就已经通过欲望产生了支配他人的过度暴力。因此，齐泽克指出，"这意味着语言暴力（verbal violence）并非二级/次级扭曲（secondary distortion），而是每一种具体人类暴力最终的依靠"②。总的来说，齐泽克论述了语言暴力是一种元暴力，是其他暴力的基础。媒介系统地利用语言暴力，将暴力集中在主观暴力之上，并且绕开了媒介社会中的客观暴力。

主观暴力指容易归咎于某个个人身上的暴力，就媒介而言，主观暴力可见于新闻中的暴力。无论是在阿富汗战争还是电视真人秀中都能看见一些暴力场面。客观暴力分为象征（语言）暴力和系统暴力，象征暴力是"关于语言本身"暴力的基本形式，哲学观点是所有的语言交流都有的暴力因素。系统暴力指未被充分认识的力量和压迫，但它们形成了一种有效地约束社会的行为。在一个媒介景观社会中，客观暴力不可见，这对媒介不利。媒介发挥了其作为一种崇高的象征性阉割体系的作用，传播了一种基本的中介的暴力，其中那些明确的景观取代了对产

---

① 齐泽克. 暴力：六个侧面的反思 [M]. 唐健，张嘉荣，译. 北京：中国法制出版社，2012：56.

② 齐泽克. 暴力：六个侧面的反思 [M]. 唐健，张嘉荣，译. 北京：中国法制出版社，2012：59.

生这些景观背后的收益原因的思考。媒体永远回归到意识形态上，掩盖客观暴力的伪客观性。过度依赖媒介的形象，意识形态将变得幼稚。齐泽克认为我们应该多加思考人类交流沟通无法摆脱的暴力。

暴力并非媒体报道的世界各地暴力事件的图片和景观，齐泽克将暴力重新定义为媒体标准操作程序所固有的压迫性——虽然它声称不偏不倚，但它对语言和思想施加了强烈而有害的限制。

5.2　电影媒介技术与意识形态

齐泽克对当代具体的媒介技术的讨论有其独特的理论视角和思考。部分理论家们只是从媒介技术视角关注具体的媒介的解放潜能及其所带来的可能的社会变化等问题，而齐泽克将对媒介技术的分析与其精神分析的理论相结合，以自己独特的哲学方式一方面解读当代典型具体媒介的特征与其影响，另一方面也通过结合具体的媒介技术对其思想理论进行解释并给予具象的呈现。齐泽克考察了电影与数字媒介这两种具体的媒介技术。

5.2.1　对拉克劳和墨菲的继承与发展

齐泽克的电影媒介技术思想受到了后马克思主义者拉克劳和墨菲的影响，尤其体现在缝合理论上。拉克劳与墨菲提出并分析了"接合"概念，认为"接合"概念出自拉康，雅克·阿兰·米勒（Jacques-Alain Miller）完善了其概念，提出"能指逻辑的接合因素"："它被用于指明在话语链基础上的主体生产，即表明主体与他者——符号——之间的不一致防止了后者作为完满的封闭存在。"① 接合作为能指逻辑中的意指出现，展现了主体与话语链条之间的关系，也表明了主体与他者之间的不一致性，同时接合也作为替代者，代表着他者缺失的同时又被充实。接合概念结合葛兰西的霸权理论形成了"霸权接合"理论。在关于电影媒介技术的思想中，齐泽克的"缝合"理论承接着拉克劳和墨菲的霸权接合理论。在《真实眼泪之可怖》中，齐泽克用电影媒介技术中的镜头手段将上述理论进行了阐释。齐泽克认为电影中的缝合理论与霸权概念逻辑相同："在缝合中，影像及其缺席/空白之间的差异被图绘入两个镜头之间的画面内差异。"② 齐泽克在电影媒介技术中发展了这一理论。

5.2.2　电影媒介的精神分析考察

齐泽克酷爱电影艺术，尤其对希区柯克导演的电影痴迷。他不仅热爱电影，更是对电影有着自己独到的评论和解读，甚至自己还参与了一些电影演出。齐泽克以拉康精神分析的方法研究希区柯克、基耶斯洛夫斯基和大卫·林奇等人的电影，尤其是拉康的"凝视"理念，齐泽克从这一理论出发解读了电影从拍摄手法到叙事方法等方面，从精神分析视角对电影媒介技术所特有的带给人们的体验进行解读，形成了独特的理解电影这一特殊媒介技术所能传递出的精神分析中的理论展现。

齐泽克提出"凝视"概念，"凝视"概念来源于拉康，拉康存在着两种凝视理论：其一，主体的凝视，被拉康称为"观看"，处于符号秩序当中；其二，拉康后期阐述的客体的凝视。拉康认为，能够观看的眼睛与凝视是一种二律背反关系，主体是观看的一方，客体是凝视的发出

---

① 齐泽克. 真实眼泪之可怖［M］. 穆青，译. 武汉：武汉大学出版社，2018：41.
② 齐泽克. 真实眼泪之可怖［M］. 穆青，译. 武汉：武汉大学出版社，2018：42.

者，主体观看客体时，客体也凝视主体，只是处于主体未知的领域。拉康的凝视理论是指向外看时受到了不安的抵抗转而生成一个自我意识，由一个无名的他者外在的审视所引发的焦虑返还给了行为人。拉康把后者称为审视，对对象而言这也就是"凝视"之源。审视的"倒转"，即是说，它反身性地倒过来指向了行为人，与此同时，主动语态也转化为被动语态——从"我看"变成"我被看"。①齐泽克认为，"凝视"的状态可以具体表达为"客体在凝视我，我却看不到它；我知道客体在凝视我，我却不知道客体在何处凝视我，即客体总是在我不知道的地方看着我"②。如拉康所认为的，凝视由于能够使观察者产生焦虑而使其注视转换成自我引导的、被动性的"被注视"："凝视总是一种关于光线和不透明性的游戏。它总是光线的瞬间闪现，在每个点上都把我完全拒斥在外。"更具体而言，拉康指出，凝视必须作为一个对象才能起作用，表现癖的和偷窥癖的冲动均围绕它建构起视觉驱动——简言之，凝视必须是关于视觉驱动的对象，它不仅产生焦虑，而且产生快感。③

　　拉康的"凝视"理论被齐泽克运用到了电影领域中进行阐释，齐泽克热爱电影并对这一媒介技术形式有所洞悉，从这一媒介技术中展开了对"凝视"理论的解读和阐述，既找到了电影媒介技术的特质，又通过电影媒介技术发展细化。拉康的理论认为，主体通过"凝视"现象重返"实在界"，并发现和认清自己的欲望。拉康认为在"象征界"中存在着他者对主体的"凝视"，在"想象界"中则存在着主体想象的"凝视"。主体想象处于被他者"凝视"下，在这种"凝视"下调整自

---

① FREUD, SIGMUND. General Psychological Theory ［M］. James Strachey trans. New York：Touchstone，1997：92-94.

② 刘昕亭. 齐泽克的凝视理论与电影凝视的重构 ［J］. 文艺研究，2018（02）：97-107.

③ LACAN, JACQUES. The Four Fundamental Concepts of Psychoanalysis ［M］. Jacques-Alain Miller ed. Alan Sheridan trans. New York：Norton，1981：181-183.

己的状态。我们在不同的场合和环境中扮演着不同的角色和形象，大庭广众下的人们总是要遵守基本的礼仪，这正是主体被想象的"凝视"约束，没有展现真实自我。"实在界"的"凝视"是：来自"对象 a"的"凝视"，"对象 a"是客体变成欲望客体的原因。齐泽克的"凝视"理论来源于拉康的精神分析学和拉康的"凝视"理论，他继承了拉康的欲望生成机制和"三界"说等理论，并且找到了不同的角度去诉说拉康的精神分析，将其应用到电影媒介技术中去。通过将"凝视"理论应用于电影媒介技术领域分析，让更多的人理解齐泽克的"凝视"理论、意识形态批判理论，并对资本主义进行批判。

　　齐泽克将"凝视"理论应用在批判电影之中。齐泽克以希区柯克的电影为例说明他的理论，他通过运用电影媒介技术中独特的镜头技术手段，使观众在"凝视"中看到了自己的欲望深渊、见证自己欲望的毁灭，并从希区柯克的电影中看到了其中塑造的"凝视"形象，通过这个"凝视"角色构建出"凝视"与反"凝视"的心理机制，其代表着一种人类心理本质上独有的欲望机制。例如，在电影《后窗》中，男主角的偷窥行为满足了其猎奇心理和偷窥欲望，而观众实际上是主角的同谋者，观众陷入这种不道德的欲望快感中无法自拔。观众随着主角在剧情中的发展意识到自己作为主角的"同谋"暴露了自己的欲望。这种"凝视"作用在电影媒介技术中作用于观众之上。主体的欲望反身到毁灭自己，这在电影媒介技术中运用的"凝视"理论展示了心理欲望机制。

　　在电影媒介技术中，在观众看电影这一过程中，齐泽克捕捉到观看电影的过程体现了凝视理论中存在着辩证法。齐泽克认为大众在看电影的时候不是一般地看而是浸淫着欲望的凝视，并且一旦将看转换成凝视，整个过程就发生了转变。观众从看电影变成了被电影看——我的凝视被客体折返，变成客体的凝视，这种凝视的辩证法代表着凝视从主体外化到客体。观众获得了一种虚假的快感，实则是观众在被凝视中服从大他者的命令后的快感。谈到齐泽克的凝视就不得不说到幻象，幻象是指主体与小对体（objet petit a）的"不可能关系"，主体与欲望的"客体—成因"的"不可能关系"。"小对体（objet petit a）"又叫"客体小 a"，指在融入象征秩序而进入现实中所拒斥部分的实在剩余物。主体与"客体小 a"通过凝视建立起一种不可能的关系，而电影媒介文化中蔓延着"幻象瘟疫"并存在于这种不可能的关系之中。

　　齐泽克认为拉康看到了眼睛和凝视的分裂。晚期拉康认为凝视在客体一边并与主体眼睛构成矛盾关系。客体的凝视无法看见，眼睛所谓的看并不能完整把握看的全部本质。如同眼睛与凝视的分裂，在镜像阶段主体的建构只不过是建立在一个幻象上，凝视通过向主体揭示其在视觉领域的欠缺而使主体的地位不再稳定，主体在被凝视的情况下会感到焦虑和畏惧。"我只能从某一点去看，但在我的存在中，我被来自四面八方的目光所打量。"①

　　其次，眼睛与凝视存在着辩证法。正如齐泽克所说："观看客体的眼睛在主体身上，目光却在客体上。当我看客体时，客体已在凝视我。而且从我无法看到的视点观看。"② 双向的目光构建的区域是很复杂的，凝视存在一个主体间性结构。正是在一种目光的交流和回环中，主体也可以凝视，这似乎意味着主体的分裂。总的来说，凝视无处不在。正如拉康说的："在我们与物的关系中，就这一关系是由观看方式构成的而言，而且就其是以表征的形态被排列而言，总有某个东西在滑脱，在穿过，被传送，从一个舞台到另一个舞台，并总是在一定程度上被困在其

---

① 拉康. 论凝视作为小对形 [M] //雅克·拉康，让·鲍德里亚，等. 视觉文化的奇观. 吴琼，编. 北京：中国人民大学出版社，2005：15.

② 朱晓兰. "凝视"理论研究 [D]. 南京：南京大学，2011：30.

中，这就是我们所说的凝视。"①

最后，还看到了凝视的深沉意义并对其反思，尤其是欲望、诱惑以及幻象的纠结。拉康认识到，眼睛的观看是能获得快感的，它是欲望的器官又是充分象征秩序化的器官，所以人们的观看具有选择和倾向性，人们更爱看自己喜欢的。"我们看到，在眼睛与凝视的辩证法中，不存在任何巧合，而是相反，存在诱惑。当坠入情网时，自我希求被看，但无法被深深满足且总是处于确实状态的东西就是——你从来不在我看你的位置看我。相反的，我看的从来不是我想看的。"②我们带着自身的欲望去凝视着，并以此从象征秩序进入想象秩序之中。这一过程之中存在着幻想，幻想是指无法被满足的愿望，是想象的场景。拉康表示，欲望就是对无法达到的虚幻追求，幻想的功能正是维持欲望。因此，"凝视是一种欲望的投射，是一种与想象中获得欲望满足的过程。但凝视本身所印证的只是欲望对象的缺席与匮乏。……，凝视所诱发、携带的幻想，是欲望的投射，观看主体希望沿着缺席（欲望对象的缺乏）到达在场（欲望的满足，但我们所能达到的只是欲望本身——那个掏空了的现实的填充物）"③。

5.2.3 电影媒介技术与虚假意识形态

齐泽克在节目中谈到了电影媒介技术与意识形态分析的关系，他指出，在现代社会中，电影媒介是集中体现了意识形态的范本，并且电影本身也是传播思想的中介。在齐泽克的凝视辩证法中形成与意识形态发

---

① 拉康. 论凝视作为小对形 [M] //雅克·拉康，让·鲍德里亚，等. 视觉文化的奇观. 吴琼，编. 北京：中国人民大学出版社，2005：17.
② 拉康. 论凝视作为小对形 [M] //雅克·拉康，让·鲍德里亚，等. 视觉文化的奇观. 吴琼，编. 北京：中国人民大学出版社，2005：45.
③ 戴锦华. 电影理论与批评 [M]. 北京：北京大学出版社，2007：185-186.

展有一定的对应关系。电影媒介中的技术手段是通过他者的凝视遮蔽了眼睛与凝视的二律背反，这与马克思认识到的资本主义的虚假意识形态极为相似，资本主义的发展运行是背后隐藏了剩余价值，电影媒介通过他者的凝视这一技术形式，通过媒介技术手段制造出幻觉使观众观看。总的来说就是，电影媒介技术通过制造"完美自我映射幻觉"的方式，使观众带入角色，通过欲望陷入自省，但他们并不知道这种自省是大他者早已安排好的。这与犬儒主义意识形态的现象异曲同工，虽然人们貌似自觉认清了意识形态的本来面目，但早已陷入其中而不自知。当下社会中存在着各种不同的意识形态，只有像穿越电影幻想一样用凝视辩证法审视意识形态幻象，并且从中窥见与符号界抗衡的实在界，才能帮助人们打破现有的符号秩序，建立新的符号秩序。

　　齐泽克将精神分析应用于电影，并从中看见了这一结论：想象的幻象被上升到本体高度，成为现实的支撑；我们未能从其幻象中解放出来，而是陷入认同幻象之中；主体凝视客体被折转回来，反而成为凝视的奴隶；主体奋力超越幻象，最终却在同创伤实在的遭遇中陷入欲望的僵局。在幻想中无法逃避实在的专治，在幻象的瘟疫普遍传染的现实生活中，人类假设一些至高无上的权力意识，并以此来解释他者身上的权威。齐泽克将精神分析运用于电影，被一些学者戏谑为"自天而降的第欧根尼""媒介时代的犬儒"，自动地感染幻象的瘟疫，齐泽克的局限及其失败由此而来：批判意识形态只不过是启动疯狂的解构程序颠覆现存秩序，最终却成为现存象征秩序的补充。①

---

①　胡继华. 穿越幻象：齐泽克为观察电影提供的一个视角［J］. 文艺研究，2013（03）：23.

5.3　人工数字媒介技术与虚拟现实

齐泽克把人工数字媒介技术形成的互联网、新媒体称为赛博空间，赛博空间衍生出来的虚拟世界被称为虚拟现实。作为一位当代哲学家自然对关于人工数字媒介技术形成的赛博空间（cyberspace）及派生的虚拟现实（virtual reality）理论感兴趣，并且在当今学术界这一领域的探讨已然成为当代媒介理论研究中的热门问题。这一领域的探讨范围之广阔横跨哲学、政治学、媒介传播学、社会学等大多数社会科学领域。由于不同领域的专家学者有着不同的专业背景视域，他们关注着赛博空间这一媒介的出现对社会的影响。早在 20 世纪 90 年代，赛博空间这一概念还只是预设，齐泽克就已经在一系列的书中讨论过关于人工数字媒介技术下的赛博空间问题。

5.3.1　数字化媒介技术下虚拟现实的概念

齐泽克作为当今社会炙手可热的学者，不仅出版了大量书籍，还为了推广自己的理论研究经常举办哲学讲座并参加电影、纪录片等各种形式媒介的推广。在由其出演的讲座影片《虚拟之现实》中，齐泽克对虚拟现实就持有否定的态度，并认为其是一个很糟糕的概念。这一概念只是代表着"让我们在一个人工数字媒介中再造我们的现实"。从齐泽克精神分析的角度来看，在人工数字媒介中创造现实不过就是在另一个象征环境中重复现实中的生活。齐泽克看到了"虚拟现实"的本质后，强调了与之对应的另一个概念"虚拟之现实"　（the reality of the virtual）。两个概念的差别需要从英文本身去理解："虚拟现实"侧重的是现实，用虚拟的环境模拟现实；而在"虚拟之现实"中的主词是

"虚拟"，表示了现实的虚拟性。这里的"现实"并不是指简单的客观物体，而是"现实的效力、效果和实际发生的影响"。那么，"虚拟之现实"就是指现实对主体的实际影响不是由客观物决定的，而是由虚拟存在的效力生成的。齐泽克认为"虚拟现实"概念只是对于现实的复制模仿，并且人们没有理解所谓的现实本身亦不过是已经虚拟了的。齐泽克从拉康的精神分析中的"想象—象征—实在"三界理论出发，认为现实存在着"想象的虚拟""象征的虚拟"和"真实的虚拟"三个维度。

首先从"想象的虚拟"这一概念解读，齐泽克认为人们在日常活动中、与人交流协作时都已经采用了一种类似于"现象学"的交往方式。我们在与别人相处的过程中就已经抽象掉了无数的细节和具体特征，尤其是一些令人不愉快的形象。为了更好地理解这一说法，举个实际生活中的例子，通常我们在与他人打交道的时候会过滤掉我们已知的对方必将会出现的很多情况，如流汗、排泄和气味等。这也就表明我们在与他人接触中，他者并没有如我们原初认为的那么"真实"，而是在这一过程中与隐含了很多处理过后"虚拟的"形象去接触，这是经过我们加工过后的形象包含了大量我们删除掉的无法忍受的特征后想象出来的。

其次是对"象征的虚拟"这一概念的解读，这一概念本身是指社会有效的象征性运作方式，它为了运作的有效就必然保持"虚拟的"状态。齐泽克常常举的例子就是对于权威的体验，只有以"虚拟的"状态出现才能保证权威的运作。比如权威为了有效地运作并产生真实效用，则需要以一种虚拟的状态出现。如果权威直接地展现实施出来，那么它在这一过程之中反倒会体现出一种无力感。齐泽克经常用的一个例子就是父亲并不需要靠打骂惩罚等方式去展现权威，仅仅需要保持在场和怒视你的行为就能起到约束你的作用。而且，一旦父亲不再是严肃严

117

厉的而是冲你咆哮打骂责罚的时候，当你感受到身上的痛苦之时反倒会觉得父亲这一愤怒行为之下的无力感，这会让权威感失去效力。

最后是"真实的虚拟"这一概念。首先，齐泽克认为"实"的概念属于形式范畴，它象征着某种纯粹的差异，但为了遮盖差异，现实出现了两个差异部分，并且形式上的差异是先于其内容上的差异的；其次，"真实"具有纯粹形式的特征，它是在活动中回溯性构建的，因此它又是"虚拟的"。齐泽克从吸引子（attractors）这一物理学举例。我们通过物理学实验观察到贴片在磁场中形成了古代的形状，而这一形状在实际中并不存在，而是通过观察铁皮后提取出来的，这一过程体现了什么是"真实的虚拟"，它虽以抽象的形式存在，但实际上又预先决定了周围实际物的存在。

总的来说，齐泽克从这三个角度清晰地阐述了现实之虚拟性。从拉康的精神分析理论来看，个体的行动要受到"象征界"的支撑。象征界是指类似于"语言"这一类自治的领域，个人生活其中并受到这一体系的支配。在拉康的精神分析理论中，个体社会活动的正常运作需要象征界的支撑，大他者正是因为其自身的虚拟性而保持了有效的现实效力。与之相类似的是信仰的例子，齐泽克认为在实际的现实生活中，不再相信民主的人们但想保持现状。人们在假装相信民主的过程中，将这一信念维持住，而维持住这一信念的机制却是每个不信的人认为别人相信这一信念，而这种信仰一旦建立起来就能在现实中起作用，虚拟的大他者一直在发挥作用，只有当全社会个体开始严肃认真地讨论起信仰时，这一大他者才有可能终结。象征界之在场强调个体生活需要大他者的委任。从一个齐泽克举的例子中我们就能发现这一概念的运转方式。齐泽克举了一个关于在现实生活中如果某个个体与其委任身份发生冲突的法官的例子来充分说明这一"虚拟"性。如果我们在日常生活中发现某个法官是胆小、懦弱的人，但是我们仍然会遵从这个法官的指令，而只是将他的这些缺点当成该法官的"表象"。这是因为人们会认为他在象征委任时，他所说的话是由大他者发出的，而这个法官"每一个实际行动呈现为另一种'不可见的'力量的'表象之形式'（a form of appearance），这一力量的状态是纯粹虚拟的"。所以，大他者在规划社会现实时，它必然以"虚拟"着的形式发挥作用，当它真正在现实现身时，它的社会效果将会被动摇。正是基于这一理论，赛博空间所形成的"虚拟现实"将会面临巨大的问题。齐泽克看到了问题的关键在于虚拟现实的糟糕之处而不在于其不够真实，问题恰恰出在了不够虚拟之上。正是由于其现实本身已经包含了"虚拟"，而"虚拟现实"没有了现实中表象和本质的区别和对立，取消掉了现实所包含的虚拟性。那么这将会使得我们在虚拟现实中，感受到的是一个"没有虚拟性的现实"。

齐泽克指出如果在虚拟现实中，那么我们将会面临"主人能指的悬置"：虚拟现实将不再保障存在一个意义的一致性，并且指向了不确定的"主人能指"。"主人能指的悬置"令主体进入一种危机之中：由于一致性，大他者的缺失会令个体感到无所适从，不知道其欲望究竟是什么。也就是说，主体在大他者的主人功能被悬置之后要承担一种无法保障主体一致性的象征坐标后的自由之负担，这正是齐泽克说的"没有虚拟性的现实"。从现实的赛博空间生活中我们可以看到一些例子，例如个体在虚拟现实中的很多快乐都来源于身份的任意转变，个体可以在赛博空间中任意选择自己的身份和性别，甚至可以在某些互联网的游戏中体验不同的角色，并且拥有很多现实中无法体验的属性，包括生命的永生和某些强大的力量等。这些都是在虚拟现实中打破了以往在现实生活中个体需要通过大他者认可的某种象征身份。齐泽克的另一个例子是通过在赛博空间媒介中上演各种"超文本"的形式来指明这一问题，正是在赛博空间这一媒介中才可能出现大量的超文本的泛滥，这意味着文本本身意义不再固定的特点。齐泽克举例一部电影被人篡改了原本的故事情节，而这其中的改变恰恰揭示了某种隐含的预设：这一被篡改后的剧情竟然显得更加的"自然而然"。这些变化正揭示了"主人功能的悬置"：在赛博空间这一媒介中那个保持文本意义一致性的主人能指消失了。那么在赛博空间这一媒介中人们甚至可以发挥自己的创造想象力创造出各自的理所应当的"超文本"。从更深程度来看，在赛博空间这一媒介中，大他者的功能被悬置后，那么所谓的"主人"保证主体的欲望随之消失。主人的主要功能是告知主体他想要的是什么，当不存在什么告知你真正需要的人时，当所有选择的重担都落在你身上时，大他者才完全统治了你，同时，所有的选择则彻底消失了——被仅仅是它的表象的事物所替代。主人的缺席貌似提供了一个新的完全开放和自由的空间，但齐泽克却认为这一后果是个人无法承担的，个人会失掉选择能力。赛博空间的出现令虚拟现实威胁到现实的虚拟性，使得主体进入完全承担了大他者消失的负担的空间。

5.3.2 人工数字媒介技术对主体形成的影响

当时，不同学者从媒介技术视域关注赛博空间对社会的影响，而作为学术明星的齐泽克多是从"主体"的理论出发，讨论个体在赛博空间这一媒介所创造的虚拟现实的生活中受到的影响。到了21世纪，随着互联网时代的快速发展，社会生活发生改变，齐泽克认为赛博空间这一媒介的崛起带来的是一种从"主人能指"功能的悬置角度出发看待这一媒介技术出现的后果，即主人规训个体的作用减退。由于新媒介赛博空间的出现，主体仿佛置身于"大他者退却"的时代：发挥"主人"作用的大他者用以保障个体行事规范的作用愈加式微。一些技术决定论者会认为赛博空间的流行会促使信息的自由流动以及社会象征禁令的解除，简单地认为人们将会更加自由。但是，齐泽克则深刻地意识到个体将会被禁锢得愈加沉重。因为"主人的主要功能在于告知主体他所欲求的"，没有主人，主体将不知所欲，主体的有效选择也会消失，主体将承担起主人的功能。齐泽克引用了拉康的"如果不存在被迫的选择来定义自由选择的领域，那么选择的自由也将消失"。与一些学者认为赛博空间将瓦解"俄狄浦斯情结"对于主体的形塑作用不同，齐泽克并不简单地认同这样的观点。齐泽克看见了赛博空间的到来会令这一主体形成机制变得更加复杂多变甚至出现不同的方向，而不同方向的选择是由当前社会的政治意识形态斗争来预先决定的。齐泽克对这一问题提出了具有影响力的赛博空间批判理论，从另一个角度对当今这一重要的媒介技术进行了深入研究，而齐泽克对当今赛博空间媒介技术中"虚拟现实"的概念则可以作为理解齐泽克赛博空间批判理论的理论入口。

通常我们会认为赛博空间通过新兴媒介技术形成"虚拟的"现实，而齐泽克的分析认识到赛博空间是比现实更为"真实"的，恰恰是因为其悬置的大他者的主人功能，令主体变得不知所措，反而令现实的"虚拟性"被打破。齐泽克在这种赛博空间中尤其关注的是其中经常上演的媒介中介的交流。当下社会随着互联网通信的普及化，人们之间的网络交流变得非常平常。这一媒介的瞬时性让交流不再受限于距离，使得交流成为即时可得。而齐泽克通过反思看到了这一直接无阻碍的交流中的危害：在日常生活交流中，主体是通过被大他者给予的能指来阐述自身，进入到象征界的主体必然已经被语词绑定。

那么在赛博空间之中随着大他者被悬置，主体与能指的关系也将断裂，齐泽克因此意识到了赛博空间的第一种威胁——对于主体"语词失去了其述行性效力"①。人们在话语交际的过程中伴随着一定的行为，例如人们通过话语表达各自的行为意愿并通过话语去实现诸如请求、道

---

① ZIZEK S, The Indivisible Remainder［M］. London：Verso，2007：195.

歉、命令等行为，并且这些行为可能给听者带来某些影响和后果。可以说我们在说话的同时会表达出某些"言外之意"（例如某些态度和情感等）。可以沟通的述行性意味着沟通双方有着一致的语义空间，那么就必然要存在一个大他者令双方沟通畅通。齐泽克在讲座中经常以马克·赫尔曼（Mark Herman）的电影《奏出新希望》为例说明这一观点。男主与美女回家，在临别的门口，女士问道："要进来喝杯咖啡吗？"男主角说："有个问题，我不喝咖啡。"女士笑着说："那不是问题，我也没有咖啡。"齐泽克的解读是想说明这一段的聊天要点并不在咖啡上，而是在言语之外有着一种性暗示的述行性姿态。同样，在讨论赛博空间的时候我们可以看到由于缺失大他者必然导致语词述行性的失效，这就意味着主体在进入赛博空间的时候就脱离了语词的关联，语词不再被"主体化"了。对此齐泽克认为：在赛博空间中的交流不仅在于某人可以假扮其他人来撒谎，更重要的问题是交流的人可能从来没有真正地投入交流之中，因为交流的人可以随时从这种束缚中解脱……也许，象征交流的"电脑化"迫使我们面对述行性的问题：主体间交流的逐渐"电脑化"会如何影响我们最为基本的象征宇宙，以及对于"服从""投入""信任"和"依赖某人的话语"的基本判断？①

人们在赛博空间的活动交流中常常会表示："这一切不过是虚拟的、虚幻的交流。"齐泽克也正是从这里出发看到了这一"从未真正投入的交流"对主体象征宇宙的侵害，所以在赛博空间之中的交流就会使人们丧失掉基本的、共享的象征空间，主体可以轻松逃离回避并无需对任何事负责。当主体与其语词的关联中断，那么赛博空间就会成为实现主体内心欲望的空间，这也正是由于主体在赛博空间的行为无需负责。

---

① ZIZEK S, The Indivisible Remainder [M]. London：Verso，2007：196.

赛博空间的第二重威胁是："主体幻象"对现实的入侵。主体欲望的场所是由幻想所支撑起来的，但是这一运转机制是将主体欲望坐标的保障必须由幻象以"潜在性"的形式存在，也就是说幻想与现实必须分离，并作为一种"场景"隐身在现实之下。而对于幻想与主体的关系问题，我们可以从精神分析家拉康论述弗洛伊德提到的"小安娜的梦"这一例子来说明幻想之于主体的作用。

小安娜的梦境是自己吃着弗洛伊德给的蛋糕，拉康认为这其中小安娜的欲望并非简单的品尝这个蛋糕，而是在她品尝这个蛋糕时父亲充满关爱地看着她。小安娜隐匿下的真正欲望在于父亲对她的欲望，而父亲认为她享受蛋糕正是她的幻象，这一幻象让其欲望有了坐标就是吃草莓蛋糕。这也就表现为当其在现实中想要吃蛋糕时，幻象必须保持隐匿的状态并与现实保持距离，正如齐泽克所言："要想发挥功效，幻象就必须被保持'隐匿'状态，必须同它所支撑的表层结构保持一定的距离。"① 而对于赛博空间来说，当主体进入其中之时，很多东西可以随心所欲，那么幻象与现实就没有了距离。

在赛博空间之中，主体将幻象直接投射其中，并且无须付出任何代价。因此，齐泽克总结了在赛博空间中幻象与现实之间距离的消解：今天，赛博空间社会功能的问题在于，它潜在地填平了这样一道沟壑，即主体的公共象征性身份和其幻影背景之间的距离：幻象被越来越多地直接外化于象征公共空间之中，隐秘的私人领域被越来越多的直接社会化。② 这也就是说，所谓被实现的"幻象"将不再是"幻象"，只有隐匿的有距离的幻想才能是幻象，所以主体的欲望也必将在赛博空间中由

---

① 戴宇辰．"上帝死了，一切都不被允许"：齐泽克的赛博空间批判［J］．文艺理论研究，2019，39（05）：202．

② 戴宇辰．"上帝死了，一切都不被允许"：齐泽克的赛博空间批判［J］．文艺理论研究，2019，39（05）：203．

于幻象的终结而随之终结。

最后，齐泽克认为赛博空间的第三种威胁就是"文本意义的消失"。由于赛博空间的潜在特性使得主体能将幻象随意地直接实现，这样就使赛博空间中文本的"表面意义"和其"潜在意义"的距离也随之消散。齐泽克看到了文本的"效力"存在着"已说的话"和"未说的话"之间的平衡关系：已经说了的话需要未说的话进行补充。如在上文中提到的《星际迷航》这一在赛博空间的"超文本"改写就是一个例子，"已说的文"这一公开性的象征话语与"未说的文"这一隐秘的幻象性补充之间的距离在赛博空间中不复存在。齐泽克以网络空间中出现的"信息厌食症"为例指出，人们在面临大量的、繁杂的泛滥信息后就会选择拒绝接收任何信息。因此，赛博空间这一媒介彻底令大他者与主体间的距离消失，这将使得在赛博空间里保证生活一致性的大他者之虚拟性被废止。那么现实生活将会受到三种威胁：语词无法被主体化、主体幻象与现实距离消解以及文本意义的消失。从齐泽克的分析中我们可以看到，在赛博空间貌似自由的表象之下包含着对主体更加深刻的禁锢，而这一切的背后就包含着齐泽克精神分析中的履行禁令功能的"俄狄浦斯情结"的问题。

5.3.3　赛博空间中的"俄狄浦斯论断"

赛博空间媒介中的这三种威胁预示着象征界在赛博空间中退却：在赛博空间这一媒介技术中能够保障主体交流、欲望和行动的大他者已经不存在。赛博空间这一媒介技术将会带来的是一种对"父之名"的预先拒斥。在拉康精神分析的话语中，"父亲"是一种隐喻，是指将孩子与母亲分离开的某个能指。"父之名"这一绝对的能指是指某个结构中的一个位置。在拉康的精神分析理论中，儿童在与母语分离后进入语言世界之时必须遭受一种"阉割"，从这之后就意味着存在一个不以他为中心的象征世界。也就是说，儿童必须通过"阉割"后理解某种超越自身的存在，也就是"大他者"的存在。"父之名"这一能指有令儿童摆脱想象界进入象征界的功能。在精神病患者的精神结构中，父之名遭到预先排斥，这样会使主体的象征界中留有曾经以父之名所占据之处的空洞。这里的"预先排斥"代表形成象征界的过程，父之名遭到了排除，原初就不存在于象征界之中。所谓的"俄狄浦斯情结"是指象征着一种父权性的律令以父之名"阉割"儿童的过程，被"阉割"的主体才能确立象征界的存在，也才有象征性的身份。而在主体的象征界中留有空洞的神经病的精神结构中，当主体在生活中被唤起"父性观念"之时，由于父之名被预先排斥，因此就产生了精神病中的"世界末日"感。赛博空间下大他者逐渐消解，俄狄浦斯过程对主体的阉割作用必然受到影响。因此在赛博空间这一媒介中，存在着不同的观点看待在没有大他者控制主体的情况下是不是存在以自身为中心的自由主体。从当下的不同观点来看，我们的确存在不同的"俄狄浦斯终结"的赛博空间叙事，齐泽克将其总结成关于赛博空间中"俄狄浦斯是否终结"的三个论断。

被齐泽克当作第一个版本的是让·鲍德里亚等后现代哲学家。这些人大多关注想象界和实在界的直接融合，这就会令赛博空间这一终极展示出所谓的"拟像"效应，也就是文化生产成为以自身的逻辑为基础的生产。鲍德里亚恰恰看到了新媒介产生出的东西远比"现实"更加"现实"，也就是说影像已经变为一种直接的创造，而非简单地对现实的模仿，这也就是鲍德里亚所说的"超现实"。鲍德里亚的拟像理论认为不再存在任何实存物，"影像不再能让人想象现实，因为它就是现实。影像也不再能让人幻想实在的东西。因为它就是其虚拟的实在"[1]。

---

① 让·鲍德里亚. 完美的罪行 [M]. 王为民，译. 北京：商务印书馆，2000：8.

对待这一类态度的解读，齐泽克认为他们的最大错误在于根本就没有弄清楚"表象"与"现实"之间的差别：现实已经是经过了象征性的中介，表现为某种"表象"。真实的情况是并不存在某些后现代哲学家设想的"本真的现实"这种情况，所谓的现实就已经是"表现"了。齐泽克看到了在赛博空间这一媒介之中"受到威胁的不是'现实'，因为'现实'已经溶解在其拟像的多样性中了，而是表象"；再有一点，崇高这一超验之维确立之可能也需要表象的存在，但是"拟像"却令这一可能消失。从拉康的精神分析这一理论出发来看，表象是由象征界产生的，而拟像更像是想象界和实在界混合产生的。实在界这一代表超验之物只能通过表象这一象征性虚构得以返回，如果表象被拟像代替后，那么实在界则变为想象界之影像中。那么在新媒介产生的拟像数字社会里，实在界将会变得模糊起来，也就不再有那么崇高的文化体验。

第二个版本是网络女性主义者的视角，以桑迪·斯通（Sandy Stone）和谢里·特克尔（Sherry Turkle）为代表。她们认为在赛博空间中人们可以通过虚拟现实塑造自我出现的新身份。她们认为"俄狄浦斯的终结"意味着无须受到禁令而是拥有单一的象征性认同。齐泽克认为这一观点受到了福柯的"自我技术"的影响。自我技术，无疑是存在于一切文明中的对个体进行建议或规定的一系列措施，为的是按照某些目的、通过自我控制或自我认知的关系，去确定个体的身份并保持这种身份或者改变这种身份。

"'自我技术'的历史，将是研究主体性历史的一种方式。然而这种方式不再是对疯麻和正常、疾病和健康、犯罪和非犯罪之间进行区分，也不是对科学的客体性领域（它包括生命主体、语言主体和劳动主体）进行建构。相反，它是在我们文化中去理顺和改变'自我与自我的关系'及其技术装备和知识效应。以这种方式，人们可以从一个不同的角度着手处理治理术的问题：将人们的自我管理同他与他人的关系联系在一起（诸如人们在教育学、行为忠告、精神指导、生活方式的规定等中所看到的那样）。"①

"自我技术"是一种主体化的方式。主体化的方式对应于两类分析："一方面对应于对象化模式，此模式把人变成主体，这意味着只有对象化的主体，而主体化在此意义上就是对象化实践；另一方面对应的，则是通过一定的自身技术从而把与自身的关系（rapport à soi）构建为其自身生存的主体的方法。"②

受到福柯的影响，这一派强调在赛博空间中自我的建构可以塑造追求一种审美式的自由。这就表明在赛博空间中"主体并没有被呼唤去占据在社会——象征性秩序中预先授予他或她的位置，而是获得了在不同社会——象征性身份之间转移，把其自我建构成美学作品的自由"。对此，赛博空间仿佛形成了一种意识形态，即它可以将"我从生物学制约的残迹中解放出来，并提高了我自由地建构自我的能力，以及在众多变化身份中做出选择的能力"③。

第三个版本不同于以上两个版本的俄狄浦斯在赛博空间的终结的观点，而是提出了不同的主张，认为与赛博空间相连的屏幕"界面"对现实实体世界起到了大他者的作用：其一，人们在赛博空间中使用的身份不是"自己"，这意味着人们在赛博空间中的"我"与现实中的"我"不同，但仍然受制于赛博空间媒介中的象征性身份；其二，人们对自己在赛博空间之中的交流对象亦包括本质上不可判定性——在网上的交流过程中人们不能够确认对方就是其所描述的样子，甚至不能确认

---

① 米歇尔·福柯. 福柯读本［M］. 汪民安，主编. 北京：北京大学出版社，2010：230.
② 朱迪特·勒薇尔. 福柯思想辞典［M］. 潘培庆，译. 重庆：重庆大学出版社，2015：145.
③ 戴宇辰. "上帝死了，一切都不被允许"：齐泽克的赛博空间批判［J］. 文艺理论研究，2019，39（05）：205.

在屏幕后存在的是个"真实的"人。也就是说，在赛博空间中的虚拟世界里，主体仍然面对着大他者，这令主体在身份认同上存在一定程度的异化，在与他者的交流之中无法确切地感知他者之欲望。这也正是齐泽克反对第二种对待"俄狄浦斯终结"态度的观点：第二种观点认为所谓的"你可以成为你想成为的一切"，表面上你可以自由地选择你的身份，但在实际的交流之中你只能选的某一身份在某种程度上必定背叛你，而且它永远不可能是完全恰当的。貌似在赛博空间中，一切皆有可能，但实则是有代价的，假定存在着某种基础性的不可能性：你无法囊括界面及其"迂回"之调停，它把你与你的象征性替身永久区隔。这三个版本涉及精神分析的三种精神结构：第一个版本是精神病（psychosis）的结构，它声称"赛博空间承载着普遍化的精神病症状"。主体的父之名被预先排斥，而面临着象征界的空洞；第二个版本是性倒错（pervert）的结构，表明"赛博空间打开了全球化多重性倒错的解放视野"①。性倒错的结构意味着"父之名"所带来的阉割对于主体无法起作用，本应承担阉割功能的律法成了主体的欲望对象；第三个版本是歇斯底里（hysteria）的结构，宣称"赛博空间依然停留在使得主体歇斯底里的谜一般的大他者的范围内"。从这三个版本论述的赛博空间中的"俄狄浦斯"来看，齐泽克认为不同的观点有着自身的问题：第一、第二个版本认为赛博空间中的"俄狄浦斯"已经终结，第三个版本与之相反，并没有认为赛博空间中的"俄狄浦斯"已经终结而是以其他方式存在。

　　齐泽克则认为在赛博空间中存在另一种类型的俄狄浦斯叙事，他从第二个版本的赛博空间性倒错结构出发阐述自己的思想。拉康关于性倒错的含义：首先，拉康把性倒错定义为一种临床结构而非一种行为模

---

① 斯拉沃热·齐泽克. 实在界的面庞 [M]. 季广茂，译. 北京：中央编译出版社，2004：292.

式。性倒错主体部分接受了阉割。性倒错通过拒认的运作而区分于其他的临床结构，对于性倒错者来说，阳具只能起到蒙上面纱的作用，大他者并不能完全地调节其欲望构成。其次，性倒错同样是主体相对于冲动而定位自身的一种特殊方式。主体把自身定位为冲动对象，也就是他者享乐的手段，这种精神体验倒置为一种欲望的构成。对于性倒错者来说，他/她的欲望在于完全"融入律令"，"其欲望的客体就是律令本身，他/她想得到律令的完全认可，融入其运作中"①。

对于"大他者的享乐"理解性倒错在临床上十分重要。性倒错者从事活动并非为了自身快乐，而是为了大他者的享乐。例如，施虐狂在受害者身上施加痛苦，是因为他确信这一过程能够令大他者享乐，主体将自身定义为"祈灵冲动"的对象。性倒错者采取"享乐意志"的对象——工具的位置，此种享乐意志并非他自己的意志，而是大他者的意志。

基于此等理论，齐泽克认为的赛博空间"俄狄浦斯叙事"是一种性倒错结构：首先，对赛博空间之中的主体来讲，阉割起不到作用。由于主体可选任何一种象征身份，其貌似成了一种不受象征性束缚的自由主体，从而实现了一种跨越身份的认同；其次，在赛博空间中的主体并不是以一种新的解放姿态，而是通过"构筑律令本身"调控自身的欲望。齐泽克在其中发现的是赛博空间中的主体对于快感的享用：象征性阉割无法在主体上起作用，主体通过一种无意义重复的宣泄性行为确定一条内在律法，并将这一律法的制度化行为视为自身的欲望客体。倒错的行为象征着一种绝望的尝试，主体渴望设置律法展演的平台，正是因为阻止直接的对于快感的享有的律法减弱，唯一的支撑律法的手段认同具身化快感之"物"。这表明俄狄浦斯在赛博空间中是以一种新的倒错

---

① 斯拉沃热·齐泽克.实在界的面庞［M］.季广茂，译.北京：中央编译出版社，2004：292.

式结构继续存在，主体无法成为真正"自由的"主体，而是在一种绝望的制定律法之中获取快感。

5.3.4　人工媒介技术对边界的作用

通过当今理论界对人工媒介技术形成的赛博空间深度考察的三种观点的反思，齐泽克提供的这一版赛博空间的俄狄浦斯叙事批判性考察有着很大的不同：其一，齐泽克认为在赛博空间这一媒介之中，由于缺乏"虚拟性"导致"大他者的退却"使得媒介之中的主体无法获得确定的欲望支撑。也正因如此，主体感受到了"上帝（大他者）死了，一切都不被允许"的禁锢。其二，齐泽克认为大家只是单纯地考察"俄狄浦斯情结"是否终结而忽视在这一问题中性倒错的论述：主体在赛博空间这一媒介之中面临俄狄浦斯阉割减弱之下，并不是简单地获得自由解放或全面禁锢，而是转向一种复杂的倒错结构中去，在这种结构中主体通过"发明律法"维持快感。从他的理论中进一步会发现赛博空间这一媒介将会导致现实生活中自然与人工、现实和其表象、自我与他者之间界限的模糊。第一种是自然与人工的边界。这主要表现为自然现实和人造现实之间模糊。"技术不仅仅在模仿自然，而且它揭示了生产自然的潜在机制，以至于在某种程度上，'自然的现实'本身成了'被模仿'的东西。"① 第二种是现实和其表象的边界。在赛博空间媒介中，我们会直接面对"超现实主义"图景："我们只能领会颜色和轮廓，而不再是深度和内容。"② 这表明在赛博空间下信息泛滥令人们丧失了述行性要素的能力。第三种是自我与他者的边界。赛博空间中的个体不再拥有唯一身份。在"大量不断变换的身份之后，没有'真正的'人的

---

① ZIZEK S. The Plague of Fantasies ［M］. London：Verso，2008：170.
② ZIZEK S. The Plague of Fantasies ［M］. London：Verso，2008：171.

面具，并因此经验到了生产自我的意识形态机制，以及这种生产/建构的内在暴力和武断"①。

齐泽克思考了三种边界之间的逻辑：随着在"客观现实本身"中，"生命的"实体和"人工的"实体两者之间的界限被破坏，之后的"客观现实"和其表象之间的差别逐渐模糊，到最终的思虑某事的自我实体崩溃了。这一渐进的"主体化"进程与其对立面——主体性身份硬核的逐渐外在化紧密相关。今天，由于虚拟现实技术的出现，我们面对的是区分内部和外部之界面的消失。这一缺失威胁到我们对于"自身身体"的最基本领会，即认为它与周遭环境息息相关。② 另一方面，主体的内在幻想在赛博空间中展开：拉康提出的"穿越幻象"是其唯一的伦理性行动。主体的"现实感"来源于幻象的支撑，穿越幻象就是表明了主体与最真实的"本体自我"相遇进而摆脱其幻象的奴役。"我们对想象领域的过度认同：在它那里，通过它，我们打破了幻象的限制，进入了可怕、剧烈的前综合想象领域。"③ 在赛博空间中，由于人们常常将自身的想象力外化在赛博空间之中，这样就可能破坏到赛博空间之外的支撑现实一致性的幻象框架。但是齐泽克看到这一点，赛博空间同样存在于其所处的现实的政治权力和意识形态之中，而"个体用户越是被允许进入普遍化的社会空间，那个空间就越是会被私有化"。虽然在赛博空间这一媒介技术之中我们有可能产生诸多的可能性，但是人们最终走向何种可能必然是受到当前社会意识形态斗争后才能选择的。所以说齐泽克这样认为赛博空间的未来发展："赛博空间将如何影响我们，这并没有直接刻入其技术特性之中；相反，它是以（权力与

① ZIZEK S. The Plague of Fantasies［M］. London：Verso，2008：171.
② ZIZEK S. The Plague of Fantasies［M］. London：Verso，2008：171.
③ 斯拉沃热·齐泽克. 实在界的面庞［M］. 季广茂，译. 北京：中央编译出版社，2004：298.

统治的）社会—象征性关系网络为转移的，而这个网络总是已经多元决定了赛博空间影响我们的方式。"①

5.3.5　当代资本主义数字化媒介技术的批判

齐泽克通过对赛博空间媒介中主体的反思，分析这一媒介技术下当代资本主义意识形态的问题，并给出了一定的建议。齐泽克认为赛博空间正是当代资本主义体系的一种典型表现，其影响"并不直接来自技术，而在于社会关系的网络，即那种数字化影响我们自我经验的主导方式是被晚期资本主义的全球化市场经济框架所调节的"②。比尔·盖茨（Bill Gates）认为赛博空间让"无摩擦资本主义"成为可能，然而齐泽克认为这种想法不过是一种幻象，他认为这种思想在迷糊的政治、经济、技术的权力关系恰好是赛博空间最终无法完全消除的。齐泽克致力于穿越赛博空间幻想并提出了"赛博空间的列宁"一说。齐泽克认为当今的赛博空间中的数字网络影响人们的生活，并表现为一种集权主义威胁，但齐泽克认同马克思主义的态度并要求推动赛博空间的社会化，用想象的力量去发掘赛博空间的解放潜力。他指出互联网和"云计算"等技术的出现和马克思提出的"普遍智能"的概念相似，虽然赛博空间中的所有权等问题淡化，但实则看到了大型网络技术公司逐渐成为赛博空间的垄断地位。最后的结果只能是"个体用户越是被允许进入普遍的公共空间，那个空间就越是被私有化"。齐泽克提出了一个新的赛博空间下的列宁主义，试图通过这一方式改变资本主义赛博空间所存在的问题。

---

① 斯拉沃热·齐泽克. 实在界的面庞［M］. 季广茂，译. 北京：中央编译出版社，2004：299.
② ZIZEK S，BUTLER R，STEPHENS S. The Universal Exception［M］. London：Continuum，2006：160.

　　齐泽克在《视差之见》第五章中反问我们是否可以遵循哈特和奈格里（Negri）的《大众》一书的思路：赛博空间是否天生就是共产主义的、是社会化智能的体现、是集体意志的直接化身？因此所有需要做的仅仅是从这种自在过渡到自为？齐泽克显然不赞同哈特和奈格里的乐观主义，但坚持共产主义这一概念。他甚至还提出了"赛博共产主义"一词，启发我们思考赛博空间的未来。对于资本主义的单纯批判且停留在否定之中已经远非齐泽克的目标，齐泽克要做的是以当代激进左派重新构建出新的共产主义的一部分，例如，其提出整体性的"共产主义预设"，这也正是因为他看到了社会发展下的全球资本主义内在的不可能性。

　　总的来说，齐泽克对于媒介技术的思考还在继续和不断深入，虽然还未形成一整个系统的理论论述，但是由于这一风格也恰恰使其能够超出精神分析和媒介研究的范畴，通过以点带面的思考媒介技术社会下各种基础性的哲学和政治问题，进而批判性地回应了这个媒介技术大发展时代的挑战。

第 6 章

后马克思主义媒介技术思想总论

6.1 技术哲学视域下的后马克思主义媒介技术思想反思

6.1.1 技术价值负荷论

现代社会的发展离不开技术迅猛发展，但是随着技术的发展，人们开始看到了技术带来的消极一面，传统技术价值中立论的观点不再受到主流声音的绝对认可，人们开始对技术的价值中立论思想有所动摇。技术价值中立论者的视野太过狭隘，没能从广义的技术视角观察技术，而价值负荷论者则具有更广泛的技术视域，他们从人与技术、目的与手段的内在关系去看待技术本身。他们认为，技术形态中就已经包含了技术创造者和使用者的目的和意愿，主体及其目的性与物化技术因素相结合，正是因为技术的生成和演进必然与"目的"相关并展开，其必然内在地具有目的的指向。也就是说，技术生成和使用与目的相关，目的与主体不可分割，主体与价值不可分割，所以技术也就必然负荷价值。正是因为主体参与技术系统的建构与运转，所以技术系统必然负载着意义和价值指向。

后马克思主义思潮下的后马克思主义者在对媒介技术的看法上普遍存在技术价值负荷论的倾向，普遍认同媒介技术负荷价值。"法国激进哲学家居伊·德波提出了景观霸权思想。景观霸权是指作为资本的景观在新兴媒介技术的帮助下，通过'不间断的话语''单边的交际'入侵了个体的现实生活，迫使其成为资本增殖服务的压迫性力量。景观霸权具有拟真性、非对话性和控制性。当代资本主义的生产方式是景观霸权产生的基础。"① "德波的景观技术更多地看到了景观技术发展坏的一面，批判了资本主义通过景观（技术）对人的剥削。诚然，德波仍然探讨了在景观的'断裂'处存在着革命的可能，但德波的景观（技术）作为一种社会性技术，更多谈论的是在资本主义社会下对人的一种控制。"② 德波的景观技术更多地看到了景观技术发展中的负面，看到技术的发展不再是造福人类，而是为了更多地盘剥工人，技术带着资本增殖的目的，打上了资本的烙印，技术发展受到资本主义操控，其发展必然以资本增殖为目的，德波的景观技术批判作为一种社会性批判，更多谈论的是资本主义社会对人的一种控制，是具有技术价值负荷论倾向的。

鲍德里亚的"拟真"概念也较为明显地体现了技术价值负荷论倾向。"拟真"顾名思义是模拟真实。拟真技术能够利于模型再现系统中的过程，并且其中的模型以符号的方式再现自然或人类社会现象，制造模型是为了解释或预测某种现象在现实世界中的运行状况。拟真技术创造的拟真世界里，模型的存在类似本体，我们生活在拟真世界之中，但实际上拟真世界的逻辑与现实世界的逻辑没有任何关系，模型相对于现

① 程鹏，高斯扬. 当代资本主义社会控制与媒介技术批判：基于德波景观社会理论的考察［J］. 科学社会主义，2021（02）：123-128.

② 程鹏. 德波：以"景观"审视资本主义社会的统治工具［N］. 中国社会科学报，2020-11-24（008）.

实世界、真实事件来说具有先在性，而模型形成的磁场是真实存在的，真实地被模型渗透着，现实不再是自在运行着的存在，不再是自然之物，而是从人为创造的模型、存储器和赛博技术中生产出来的，创造的技术符号重构了现实本身，拟真世界的生成成为我们真实世界的基础，也构成了后现代的生活状况。鲍德里亚从生物工程和信息科学领域借用符码一词来解释模型如何渗入或形成我们的现实生活，符码调制并生成模型，或者说模型都可以还原为二元对立的符码。随着人工符号系统、二元对立系统和组合逻辑演算中符码的出现，自然世界和现实的社会生活正在逐渐地被技术拟真和符号体系所取代。技术的符码在各领域中广泛地运用，促成了一种新的现实的产生，这种新的现实是通信、自动化和系统理论革命产生的符号系统制造出来的现实，这种由高科技媒介技术创造的新世界正是鲍德里亚所说的超现实世界。无论是符码还是其形成的模型或者是模型创造出的超现实世界都蕴含着技术主体的价值倾向，是技术主体意志和目的的实现。

齐泽克是从主体角度出发关注媒介技术对现实社会的影响的，着重探讨个体在赛博空间这一媒介技术创造的虚拟现实中受到的影响。互联网的快速发展使人们的社会生活发生了巨大的变化，齐泽克分析了新媒介技术构建的赛博空间给社会生活带来的负面影响，首先是人的交流方式电脑化，主体在进入赛博空间的时候就脱离了语词的关联，脱离了表达言外之意的可行性，失去了语词主体化、个性化的表达的可能，赛博空间内交流的危险不仅在于假扮他人、撒谎的可能，更在于交流的人无法真正地投入交流之中，因为交流者随时可以从交流的束缚中抽身。赛博空间之中的交流就会使人们丧失共享的象征空间，人们可以轻松逃离回避并无需对任何事负责。第二重威胁则是幻象对现实的侵入，幻象与现实必须分离，并作为一种"场景"隐身在现实之下，而在媒介技术构建的赛博空间中，主体等很多东西可以随心所欲，那么幻象与现实就没有距离而重合起来，当幻象被外化于象征公共空间之中，幻象跌入现实之中，失去其隐匿性，不再是幻象，主体欲望的场所是幻想支撑起来的，主体欲望也必须由幻象以"潜在性"的形式存在，失去幻象，主体的欲望也必将随之终结。第三重威胁是文本隐含意义的消失，主体在赛博空间中直接面对大他者的文本意义与潜在意义，大他者与主体的间距消失，仿佛能完全表达再也不存在"词不达意"的情况，但同时这种信息的爆炸也会令人们感觉更加恐惧，在赛博空间貌似自由的表象之下包含着对主体更加深刻的禁锢。齐泽克专注于数字化媒介技术对主体的精神分析，对媒介技术本身的分析并不多，但是他看到赛博空间正是当代资本主义体系的一种典型表现，在资本主义社会下大型网络技术公司逐渐取得了赛博空间的垄断地位，媒介技术的精进也是朝着争取和巩固自身的垄断地位、扩大自身媒介受众的方向进行的，因此，也可以说齐泽克同样有技术价值负荷论倾向。

6.1.2 媒介技术决定论

后马克思主义媒介技术哲学思想在媒介技术对社会的总体影响问题上体现为媒介技术决定论倾向。媒介技术决定论并非后马克思主义者的原创，而是在西方被一些学者提出和所认可的观点。媒介技术决定论与技术决定论有一定的区别，媒介技术决定论绝不是一个简单的极端命题，媒介技术以其特有的方式制约和影响人的认识方式和思维水平，也通过这种方式影响社会的文化形成和特征，媒介技术的所谓决定更像是以潜移默化的方式完成的。持这一观点的开启人主要有哈罗德·英尼斯和马歇尔·麦克卢汉，鲍德里亚的媒介技术批判思想就是受到了麦克卢汉的影响，所以导致了鲍德里亚的媒介技术思想中就带有媒介技术决定论的特征。媒介技术决定论是从对人、媒介、文化、社会这四者的关系的深入思考基础上得来的，媒介技术决定论根据媒介技术对社会作用程度的不同分为硬决定论、软决定论和文化技术共生论。媒介技术决定论虽然存在争论，但有其合理之处，媒介技术决定论看到了人和人创造的文化是如何在不知不觉中被媒介塑造的。

从社会角度来看，德波的景观不仅是直接的图像和传播技术的产物，也传递着世界观。德波表达了要从世界观的层次去理解景观这一概念的思想，景观也在世界观这一层面上影响着社会。德波看到资本主义社会消费下，社会工业化程度越来越高，商品种类丰富，他的景观社会思想正是基于对资本主义社会的观察产生的。德波看到资本主义通过不断制造景观来影响大众进而促进消费，并完成资本的增殖与扩大。在此过程中，景观的传播也体现在意识形态领域，体现出对世界观的侵入与影响，改变着人们的思想与看法。在这一意义上体现了德波的媒介技术的决定论特征。

媒介理论家麦克卢汉是从技术对社会的作用这一角度出发，对媒介技术进行历史考察，突出了媒介技术是具有里程碑意义的技术的同时，也阐述了媒介技术的产生和发展对人类社会的发展起到的重要作用，尤其是在心理、文化变迁，甚至是社会历史发展等方面尤为突出。麦克卢汉的研究巧妙地将传播学与技术哲学结合起来，形成了重要的媒介技术哲学思想，其技术哲学思想也开拓性地将人们对媒介技术乃至技术的社会作用的认识提高到一个新的高度。受到麦克卢汉的影响，鲍德里亚的媒介技术思想同样体现出鲍德里亚的媒介技术决定论思想。

鲍德里亚的媒介技术决定论思想不同于西方学者尤其是法兰克福的媒介批判思想，鲍德里亚认为，法兰克福学派中的阿尔都塞等人的媒介研究只是关注媒介内容，而没有关注媒介技术本身。鲍德里亚通过分析媒介来揭示社会的内在本质，媒介技术决定论思想不仅体现在他对于媒介对社会产生作用的关注上，他还认为媒介技术对社会起到了某种程度的决定性作用，构建了超现实世界，并被称为拟真世界。构建超现实世界的正是媒介技术，这体现了鲍德里亚的媒介技术决定论思想。大众媒介或者说信息的主要传播方式是依靠符号系统进行的，人们沉浸于大量的无意义的符号之中，感到疲累并只能以沉默的方式应对；另一方面，数字媒介巨大的信息量和曝光度使社会发生了内爆，模糊了信息与意义的边界。在资本主义的消费社会中，鲍德里亚认为一个物品的技术结构决定了其社会和文化意义。技术层面的变化是决定性的，而且其他的变化如消费的需求或社会学层面的变化则是非本质的，所以技术决定着物品的社会意义。在媒介技术批判理论中，新兴媒介技术如互联网的出现、电子媒体和数字化等媒介技术的产生是当今媒介社会形成的基础。然而，鲍德里亚过度地强调了媒介技术的作用，将媒介技术看成当代社会最本源、最基本的组织原则，却没有看见物质生产这一社会变革的真正动力，只是从某一视角来解释整体社会，最终沦为单一的技术决定论。

拉克劳与墨菲的话语理论认为话语是一种意识形态，而话语自然依靠媒介来进行传播，意识形态对社会的构建有一定的影响，从这一角度来看，拉克劳与墨菲的话语理论是有潜在的媒介决定论倾向的。另一方面，他们认为话语是与实践结合的整体，话语因其社会性并且能够引发社会实践而具有赋予意义的能力，社会实践的意义是由话语构建的，话语、社会实践和具有的意义都是话语的一部分，他们形成的整体才是拉克劳和墨菲定义的话语。话语与话语传播的媒介并不是与社会现实无涉的，而是对社会现实有重要影响的，甚至期望通过话语霸权的过渡逐步实现国家领导权、经济权的争夺，而话语的传播必然是通过媒介技术来实现的，从这一角度看，拉克劳与墨菲也有媒介技术决定论倾向。

齐泽克认为当代媒介景观的形成是大量媒介传递给我们的意识形态。齐泽克看到人们用当代资本主义媒介技术获得数据和经验，但事实却是，在媒介景观中理解实际生活中的经验并没有多大用处。齐泽克认为，意识形态是支撑现实的一种幻象，但同时也构建起了一个真实有效的社会关系，意识形态屏蔽掉了现实中令人难以忍受的或难以实现的部分，不仅提供了一个逃避现实的出口，也抚平了现实给我们造成的创伤和缺失的现实本身。在意识形态幻象的作用下，社会将被构建为一个无对抗的内在统一的社会。媒介技术是构建意识形态的重要因素，而意识形态对社会的形成与发展起到十分重要的作用，因此从齐泽克对媒介的重视和他把意识形态看作建构社会的重要力量这两方面来看，他也是一个潜在的媒介技术决定论拥护者。

6.1.3　媒介技术悲观主义与人类自由

德波在对景观社会记述的同时对旧世界的种种问题进行了批判，并在批判中指出了一条反景观技术的道路，提出改变日常生活现状的方式。德波在分析资本主义社会在景观技术统治下的新特征后，认为只有通过艺术才能唤起人们的本真状态，并提出了反景观技术的变革策略。德波提出了三种变革策略：漂移、异轨和构境。这三种策略无非是对景观技术的直接反对和解构。情景主义的情景正是非景观的断层，变革正是试图通过构造新的情景去改造日常生活，揭露日常生活中隐秘的贫乏与异化，并通过诗歌与艺术使人们回到本真的存在状态，"他们不再认为生活是某一稳定性的单纯维持，相反，他们热爱他们行动过程的无限丰富"①。由此可以看出，德波仍然是通过诗歌和艺术的革命去反对景观的控制进而达到对资本主义的反对。

鲍德里亚对于技术发展表现出一种悲观主义的思考，资本主义在消费社会尽其所能地放大人的消费欲望，电视广告不需要因果联系或逻

---

① 居伊·德波. 景观社会［M］. 王昭凤译. 南京：南京大学出版社，2006：175-176.

辑，只剩下符号的拼接，鲍德里亚的符号几乎要统摄经济、政治、意识形态和文化，鲍德里亚看到了媒介技术对社会的巨大影响力，同时过多地阐释了媒介技术可能对社会造成的破坏性，对媒介技术持有悲观的态度，体现了他对待技术的谨慎、悲观和不信任的态度，因而陷入了悲观的技术决定论之中。

齐泽克看到了赛博空间在虚拟现实中的作用及其对现实的侵害，尤其是处于赛博空间中的主体，由于大他者的逐渐退却导致了其无法获得适当的欲望支撑。在赛博空间中的主体可以自由地选择任意一个象征身份，这看似是一种束缚的自由，能够实现身份的跨越，但事实上，主体无法成为真正"自由的"主体，而是在一种绝望的制定律法之中获取快感。在赛博空间中的主体并没有获得真正的自由，甚至是被桎梏住了，媒介技术本身并没有给人们带来真正的解放与自由，反而带来了更大的压迫，齐泽克称之为倒错式结构，这是一种对媒介技术、赛博空间悲观的认识与看法。

齐泽克也通过精神分析的方式对媒介中的主体进行反思，分析媒介技术形成的当代资本主义的意识形态，并试图找到某种解决之道使人们摆脱这种意识形态的束缚从而获得自由。齐泽克把赛博空间看作当代资本主义体系的典型表现，其影响的不只是技术，更多的在于社会关系。齐泽克提出了一个新的赛博空间下的列宁主义："社会主义 = 自由地进入网络+苏维埃政权"，齐泽克想通过国有化之路以确保一个更加民主的社会主义。齐泽克对资本主义的批判策略并没有停留在单纯的否定上，作为当代激进左派重铸共产主义的一部分，他致力于阐述一种整体性的"共产主义预设"。通过强调全球资本主义内在的不可能性，他指出共产主义是当我们被迫重新想象一种新的生存方式时所产生的乌托邦冲动。而齐泽克暗示在媒介技术发展的当下要求一种朝向平等主义的正义和人类自由的未来发展之路。

6.2 后马克思主义媒介技术批判思想的发展脉络与总体特征

6.2.1 从批判外部的媒介技术影响到精神分析主体内部的媒介技术

从居伊·德波的景观理论到鲍德里亚的符号理论和拟像理论多是从客体对主体的影响的角度出发，从外在物去影响主体从而影响社会建构。居伊·德波通过分析媒介技术形成的景观并以世界观的形式与主体的异化对主体实施控制。景观理论认为，资本主义通过媒介技术以媒体展示和作秀的方式逐渐发展成对人们的世界观形成控制的景观。借助媒介技术景观通过大量的展示商品不断地刺激人们的消费欲望，大众主体作为被动观看者与景观及其媒介技术相异化，不断地与景观分离，被不断独立、强大的景观所统治，在景观的控制下主体被虚假的欲望左右，明星作为景观的伪主体亦被牺牲为景观的工具，成为非本真的存在。制造景观的资本家同样生活在景观化的社会中，他们必须持续地制造景观，抓住观众稍纵即逝的闪烁缥缈的欲望，否则亦会被景观所抛弃。鲍德里亚看到广告、时尚、大众媒体、文化和商品的泛滥充斥着周围，与德波一样，他也是按对外部媒介的关注再到媒介对主体的影响的逻辑思考顺序进行的，认为当代消费社会存在着"拟像—内爆—超真实"的结构，广告、时尚、大众媒体、文化和商品等各种媒介使消费社会的符号价值发生增殖，并阐释了其对现实社会的影响，从影响反映现实到影响遮蔽现实并使现实非本质化，再到遮蔽现实的不足最终到脱离现实成为拟像。其最后阶段发展到拟真社会是一个超真实的符号世界，超真实代表着传统真实的消亡。电视和网络的出现使得社会中的符号大量充斥在人们身边支配着大众的生活，形成了一种超真实社会。在超真实社会中，景观、新闻、政治、娱乐、广告构建出完整的商业消费的氛围，使整个社会都充斥着消费社会的商业消费氛围，而大众则逐渐成为沉默的大多数。最终，社会的全面拟像化会使真实毁灭，意义世界崩塌。

拉克劳和墨菲的话语理论虽然看到了外部媒介对主体的影响，但他们没有关注二者的对立而是致力于消解主客体的鸿沟，他们认为话语构建了现实本身。拉克劳和墨菲认为，客体是包含在话语之中的，并且是在话语中获得意义的，话语本身就包含了社会、物质、现实与实践并能够直接影响现实与社会，媒介技术在话语理论中扮演怎样的角色呢？媒介技术是媒介功能的支撑，在话语理论与媒介批判交叉的研究中根据研究领域的不同有两种理论方向，一种是政治理论，还有一种是日常生活领域。意识形态话语权之争不仅存在于政治领域、经济领域，在日常生活中也同样存在，日常生活中意识形态之争被称为"生活政治"。拉克劳和墨菲的话语理论倾向于政治领域，他们认为媒介在意识形态的产生、意识形态阵地的争夺与对抗中的作用十分重要，媒介为不同的社会立场提供了对话语争鸣的空间与场所，媒介与社会对抗、霸权、政治意识形态等权力相关的概念联系起来凸显了媒介在政治意识形态斗争中的重要地位。

齐泽克不同于德波、鲍德里亚以及拉克劳和墨菲从外部媒介对主体的影响出发，他更多的是从主体内部、对主体的精神分析出发，讨论个体在赛博空间这一媒介所创造的虚拟现实的生活中受到的影响。齐泽克用精神分析的方法分析当代媒介技术，从心理角度描述和形容人对媒介的感受。齐泽克看到了主体出现的两种症状——神经症和精神病，神经症和精神病对现实的态度不同，神经症并不否认现实，只是无视现实；精神病否认现实并想方设法要替换它。媒介的伟大事业都是欺骗性的意识形态的传播，意识形态达成社会现实的建构，遮蔽了一些实在界的不可能，给人们提供了一个逃离现实的出口。齐泽克新媒介制造的意识形态具有的强制性在于使人放弃了思考而选择了盲从，大他者不断地高呼"享受快感！"这种律令迫使我们为义务而义务，它是对不可能之快感的诉求的创伤性侵入，扰乱了快乐原则及其衍生物现实原则的动态平衡。齐泽克感受到当今互联网时代的赛博空间令人们的社会生活发生改变，主体所处的环境几乎是置身于大他者退却的时代，而发挥主人作用以保障个体行事规范的大他者逐渐消失。齐泽克认为赛博空间不但不能给个体带来解放甚至让个体感到愈加沉重，并且在当今时代的新媒介下，个人信息的透明化让新媒介仿佛无所不在地窥探着人们的隐私。

6.2.2　后马克思主义媒介技术思想对资本主义社会的批判

后马克思主义思潮所处时代的资本主义经过几十年的发展，出现了许多新变化。生产力有了大幅提升，科学技术有了长足发展，资本主义国家实施一系列举措发展经济、稳定政治、宣扬文化，使其看起来生机勃勃，充满活力。不得不说，工人的生活水平和社会地位比马克思时期有了很大程度的改善，资产阶级和无产阶级之间的对立也有了很大程度的缓和，资本主义似乎脱胎换骨，与马克思时期的资本主义已经完全不同。然而，资本主义的本质并没有发生根本改变，生产资料私有制仍然牢牢地占据着主导地位，所以整个社会财富仍然聚集在少数人手中，大多数人仍然受着剥削和压迫，虽然剥削的形式与马克思那个时代不同，但是世界贫富差距越来越大。生产资料私有制下的工人待遇貌似得到提高，但是所有的这些仍然是资产阶级从工人身上所榨取利润的一小部分。随着经济全球化，资本的扩张和剥削自然也就全球化，受剥削和压迫的工人已经延伸至世界各个角落。他们在发展中国家开办工厂、跨国公司，雇佣廉价劳动力，压低工资水平和福利，使发展中国家的工人生活日益困苦。不仅如此，西方资本主义国家大肆消耗和浪费发展中国家的资源，破坏生态、污染环境，给整个世界资源造成严重浪费，从根本上影响了全世界的可持续发展。所以，西方资本主义所主导的经济全球化只是为了满足其追逐利益的欲望，对全世界国家特别是发展中国家来说是不公平的，其最终会导致世界范围的贫富分化，阻碍人类的解放事业。所以西方曾经暴发反全球化运动，并且西方世界很多团体或个人以各种形式反对资本主义，其中包括著名的女性主义、反种族主义、反体制化运动等，这些不同的斗争形式也充分反映了当今资本主义制度对人类压迫的多样性，这些反映到理论层面就是后马克思主义等对多元、差异、边缘性等的关注。后马克思主义正是在对资本主义新变化的反思中形成的。

第一，批判资本主义社会的价值旨向。

无论是居伊·德波、鲍德里亚、拉克劳和墨菲还是齐泽克的思想都是源于对资本主义现状的不满，他们看到暴力革命在西方国家失败的同时对失败经验进行总结，并试图提供一种改变现状的可行途径，他们的思想都有一种批判资本主义社会的理论旨趣和价值取向。德波的景观理论认为资本主义借助媒介技术景观通过大量的展示商品不断地刺激人们的消费欲望，大众主体作为被动观看者与景观及其媒介技术相异化。鲍德里亚同样看到资本主义媒介社会中的异化，对之加以批判并试图提出解决方案。拉克劳和墨菲提出激进民主理论以期望建立多元民主政治，以话语霸权的方式逐步取得政治话语权，进而替代资本主义，形成新的共产主义。齐泽克通过精神分析方法关注处于赛博空间中的主体，批判了资本主义数字化对人的异化作用，提出超越资本主义的赛博共产主义。

德波运用景观概念批判了当代资本主义社会媒介技术基础上的异化现象，即景观社会。其异化现象表现为两个方面：一方面是以公共媒体的展示、作秀内蕴资本增殖逻辑的景观技术体系，景观技术不断刺激人们的消费欲望，最终以世界观的方式展示、宣传、独裁控制人们，景观与被动观看景观的大众相异化，人们永远处在不满足和无法真正满足的矛盾中；另一方面，景观技术潜在地植入人们的意识形态领域，资本主义文化不断改变着人们的思想和社会文化。现代媒介是资本主义的帮凶，看似是与人们平等地进行对话，实则是在不断发布命令、控制大众，具有潜在的强制性。当代资本主义文化在媒介操纵下不断复制形成虚假的意识形态，无产阶级受到资产阶级的侵蚀无法自觉到自身的革命使命，失去革命的动力。

德波认为反景观之路需要通过一场日常生活革命来实现，认为要想唤起人们的本真状态只能通过艺术的革命，艺术的反景观技术策略描述为"漂移""异轨"和"构境"。德波提倡通过构造新的情景去改造日常生活，进而改变日常生活中的隐秘的贫乏与异化。他指出，唯有诗歌与艺术才能使人回到自由自觉的本真状态，从根本上说，德波方法的目的是要改变景观对日常生活殖民化统治的现状。

鲍德里亚认为，现代消费社会已经完全被符号所统治，他不同于其他人那样认为或是物或是主体占据统治地位，他认为是符号统治一切，符号的自我增值是通过电子媒介的复制完成的，媒介权力是通过符号的运作来实现的。他认为进入消费社会以后，各种符号能指与所指被完全分离，形成一种类似信号之物，这被鲍德里亚叫作"代码"，此类代码又要重新吸收能指配对，而媒体正是"漂移的能指"配对的绝佳场所。从电视广告中我们不难看到，电视里的广告符号语言表征和意义消散，符号间的逻辑关联被消解，取而代之的是符号随意的联想和拼接，电视媒介中的广告就是一堆符号的任意组合，符号的能指与所指分离必然影响理解符号的意义，电视媒体里有着大量的符号，却都丧失了意义的"能指流"，对于观众是"意义为零度"的符号。鲍德里亚举了个例子，广告里面的名人代言很多，但是名人很多时候与这些产品没有任何关系，但由于电视广告的宣传使人们自然地将名人符号与产品符号联系起来。媒介使符号与现实脱离，而是标示指向它自身的逻辑，符号的意义在与符号相关的其他符号的关系中被发现。鲍德里亚看到了现代媒介技术中的这些"符号"是一种比政治经济学中剥削性的经济体系更为有效的剥削工具。这种剥削方式的变迁与媒介技术发展带来的电子媒介扩张有关，电视媒体的强大表现力和普遍传播能力为"漂移的能指"留有空间，在电子媒介中符号可以任意被编排和支配，并以此来控制人们的生活和消费。鲍德里亚对媒介技术是一种批判的态度，他认为只有在媒介消失的地方才能建立起真实的交流。在资本主义符号化时代，信息和娱乐界还有政治的界限消逝，新闻节目也变得让事实和虚构难辨，这正是媒介技术在资本主义社会中发挥的作用。

第二，否定性的批判精神。

英国学者朱利斯·汤申德（Jules Townshend）把后马克思主义与马克思主义进行了区分与界定，认为二者以某种形式相连，后马克思主义由于各种政治、学术等原因转向"后"，因此，后马克思主义是"后"和"马克思主义"的有机结合。在后马克思主义中，根据马克思主义和后学成分的多少可以划分为"强的后马克思主义"（马克思主义成分多，后学成分少）和"弱的后马克思主义"（马克思主义成分少，后学成分多）。从这种划分来看，拉克劳和墨菲的后马克思主义属于弱的后马克思主义，这表现为他们没有强调马克思主义的基本内容，而是解构了马克思主义的核心范畴，并且在解构的基础上进行重构。如此，国内外一些学者认为他们并不是真正的马克思主义者。面对种种质疑，拉克劳和墨菲坚定地重申自己是后马克思主义者，并认为舍弃马克思主义某些过时的内容和观点并不意味着背弃了马克思主义，马克思主义不是某种僵死的教条，而是充满生命力的与时俱进的行动指南。对于不适应时代发展的内容和范畴就需要摒弃，这样才能使马克思主义焕发持久的魅力。辩证地看待马克思主义，剔除糟粕，保留精华，根据具体的历史情况重构马克思主义不但没有错，反而是在维护马克思主义的理论尊严，是对马克思主义的发展。"通过明确地把我们自己定位于后马克思主义领域，我们不仅澄清了当代社会斗争的意义，而且也赋予了马克思主义以理论尊严，马克思主义的理论尊严只能来自对它的局限性和历史性的认识。只有承认它的局限性和历史性，马克思的著作才能在我们的思想传统与政治文化中常在常新。"① 事实也是如此，对于包括马克思主义在内的任何一种理论，要想保持其鲜活的理论生命力，就必须在面对新时代新问题的挑战时认清其理论的局限性，这样一来，这一理论的思想变迁就会随着时代的发展变得更加具有魅力。总的来说，拉克劳和墨菲的后马克思主义理论精神从马克思哲学那里继承下来最多的就是其否定性的批判精神。

其他学者的思想理论也都是以改变和否定现有的社会现实为目的，以对媒介技术呈现出的景观、拟真世界、赛博空间的否定性批判为主。马克思说过，"哲学家们只是用不同的方式解释世界，而问题在于改变世界"②，他们继承了马克思改变世界的意志，以批判性的精神审视资本主义社会，提出了很多策略与尝试，为开辟新道路做出了积极探索。

第三，对资本主义的多角度批判。

拉克劳和墨菲的后马克思主义与马克思主义一样，都对资本主义进行了批判，然而正如刚才所说的，当今的资本主义与以往已有很大不同，所以批判的方式和视角必定会发生变化。在马克思主义那里，马克思和恩格斯从经济、政治、生产方式和人的存在状态等方面对资本主义展开了全面的批判，提出全世界的无产者联合起来，并在《共产党宣

---

① 周凡. 后马克思主义：批判与辩护［M］. 北京：中央编译出版社，2007：135.
② 马克思，恩格斯. 马克思恩格斯文集：第1卷［M］. 北京：人民出版社，2012：136.

言》中提出了联合全世界的无产者推翻资产阶级的统治，"如果说无产阶级在反对资产阶级的斗争中一定要联合为阶级，如果说它通过革命使自己成为统治阶级，并以统治阶级的资格用暴力消灭旧的生产关系，那么它在消灭这种生产关系的同时，也就消灭了阶级对立的存在条件，消灭了阶级本身的存在条件，从而消灭了它自己这个阶级的统治"①。在马克思和恩格斯所处的时代，资产阶级和无产阶级直接对立的两大阵营之间的矛盾日益加剧且无法调和，马克思和恩格斯认为，贫苦大众要想摆脱被束缚、被奴役的地位，必须以阶级的形式联合起来进行革命抗争，共同反对资产阶级的压迫，加速资本主义的灭亡。所以，在马克思和恩格斯那里，阶级斗争在社会进步过程中起到重要的推动作用，通过革命的形式推翻现存的人压迫人的社会，推翻阶级存在的条件，并最终消灭阶级本身，消灭人的异化状态，使人不再被奴役，实现人的全面解放，这是马克思主义哲学的宗旨。一个没有了阶级和压迫的社会是这样一个联合体，每个人的自由发展是一切人的自由发展的条件。与马克思和恩格斯所处的时代不同，拉克劳和墨菲所处的时代是一个和平与发展的时代，随着当时的社会生产力的不断发展，资本主义国家不断发生新变化，阶级划分和阶级关系也与马克思和恩格斯那个时代不同，两大对立阶级仍然存在，但二者之间的矛盾已不再是尖锐的主要矛盾，二者之间的对立也不再明显，在它们之间出现了所谓的中产阶级，无产阶级则成为少数人。随着社会的发展面对新的形势，统治阶级在资本主义范围内通过提高工人阶级的工资、福利等来巩固自己的统治地位。所以，拉克劳和墨菲所处的资本主义社会虽然在实质上没有发生根本改变，但是就其统治策略、宣传手段以及资本主义内部的结构调整等来说，已经远远超出马克思和恩格斯那个时代的资本主义社会，是对它的进一步发

---

① 马克思，恩格斯. 马克思恩格斯文集：第2卷 [M]. 北京：人民出版社，2009：53.

展。所以面对新时期的资本主义，拉克劳和墨菲对他们那个时代的资本主义的批判方式自然会与马克思和恩格斯的批判方式不同。

在马克思和恩格斯那里，强调社会主义与资本主义是决裂的，资本主义制度下的人处于受剥削和压迫的异化状态，社会主义意味着人的自由全面发展，二者没有相融的可能。而在拉克劳和墨菲那里，他们主张吸收资本主义的自由民主成果，与此同时再深入批判资本主义反民主的攻势，将各种反资本主义压制的不同抵制和斗争形式在追求"激进民主"的想象中"接合"起来，使民主真正推广到所有的政治领域、社会群体和生活空间中。也就是说，在他们这里，存在着一个与马克思和恩格斯根本不同的前提，那就是马克思和恩格斯认为，经济基础决定上层建筑，政治斗争的目的是从根本上改变现存的生产关系，而改变生产关系就必须改变决定上层建筑的经济基础。但是拉克劳和墨菲却认为，政治与经济的关系是非决定性的，政治与经济可以独立分开，所以他们强调更多的是政治关系。正是因为持有不一样的理论，他们社会主义的斗争策略和方式与马克思和恩格斯的社会主义强调革命的方式有着巨大的区别，对资本主义的批判和反抗形式已经不再是以暴力革命的形式，而是以和平的方式进行。他们发现，资本主义有其合理之处，至少在自由、民主建设方面并不完全是幌子，而是确实有了一定的积极成果，但是民主只局限在某一范围之内，而且无论在广度上还是在深度上都无法让人满意。更有甚者，为了巩固自身的统治，资本主义一方面在搞民主建设、安抚被统治者的同时，另一方面还要弱化民主的程度、维护自身的统治，甚至出现反民主的倾向（包括搞种族歧视主义和性别歧视主义等）。

拉克劳和墨菲同样主张彻底消灭剥削、压迫和一切不平等，但是他们提出了和马克思、恩格斯的社会主义想象不同的方式，以"激进民主"所建构的社会主义来对抗资本主义。在他们那里，要理解激进民主，首先需要指出的是社会主义主体是零散、多样和异质的，也可以说是多元的，也正因如此才会是激进的，而激进并不意味着急功近利，不意味着以暴力革命的形式与资本主义彻底决裂，而是体现在"民主的彻底化"上，也就是说把民主推广到所有政治领域、所有群体中间。

齐泽克认为，当今资本主义世界媒体里常常能看见各种大规模暴力事件，而暴力事件的频发也证明了资本主义制度出了重大问题，而这正是资本主义制度的暴力本性爆发了。本雅明将反抗制度压迫的暴力称为神圣暴力，而这也正是齐泽克为暴力世界给出的答案。沿着这一思路，反思暴力事件频发的资本主义政治经济制度和文化霸权本身的暴力性，以人类福祉为原则，才能走出暴力性社会。齐泽克对媒介社会的洞见，对破除偏见非常有价值。在当今社会人们习惯接受媒体对暴力的渲染下，齐泽克则让我们保持冷静，提醒我们"学习，学习，再学习"，走出媒体的宣传，仔细反思各种暴力类型尤其是体系性暴力，为实现全新的社会关系而努力奋斗。齐泽克对当下媒体报道中的暴力事件如此讨论，最重要的是反全球资本主义的理论目标，他主张诉诸正当性的暴力对现实秩序进行整体性再造。他努力探究的是暴力在实现普遍主义以及在全球解放事业中的地位和作用，以及暴力在何种情况下才能够被正当化；如果暴力合法，限定它的边界又在哪里；和平主义或类似主张在什么条件下显得合适。这些或许均非新问题，但至少在今后相当长的一个时期内会限定我们思考暴力的理论框架。

总体来说，后马克思主义媒介技术思想透过媒介技术这一视角看到了整个资本主义社会对人们的剥削和统治，并且从媒介技术的角度给予了后马克思主义所处的历史时期下的资本主义社会重要批判。

6.3   后马克思主义媒介技术思想的影响与发展

后马克思主义媒介技术思想的影响体现在其既具有理论价值又具有现实影响。在分析后马克思主义媒介技术思想的同时也要结合所处社会的发展状态，理解后马克思主义媒介思想中的积极意义与价值，并且可以将其应用到观察当代社会的媒介技术之中，而对于后马克思主义媒介技术思想的展望正是在其理论价值的挖掘和实际应用的过程中展开的。

6.3.1   后马克思主义媒介技术思想的影响

后马克思主义媒介思想的理论价值主要体现在技术文化批判和科学技术与社会（STS）领域，实践价值主要体现在对消费社会的分析批判作用。

第一，技术文化批判方面的价值影响。

马克思认为资本主义社会的最终动力来源于工业生产，法兰克福学派从马克思的理论出发，把大众文化融入其中，提出了"文化工业"这一概念。后马克思主义媒介技术思想受法兰克福学派的影响，认为报纸、电视、广播、互联网等媒介的发展使文化也作为一种商品被不断地生产和消费。其中，鲍德里亚的拟真理论认为，随着大众媒体特别是电视媒体和网络媒体的出现，使得整个社会信息化和符号化，人们的生活不断被各种信息所主导，形成了超真实的社会景观。目前，我国对技术哲学的研究日渐成熟，不过仍然存在着问题，我们对技术与文化关系的研究较少。因此，哲学、科学史、技术史等学科的交叉研究需要加强探讨技术的发展与社会文明之间的联系。后马克思主义媒介技术思想给我们提供了思路：首先，媒介技术问题很难通过单纯的理性思考来解决，它与人文科学关联密切，研究起来需要结合一定的文化基础，后马克思主义媒介技术思想几乎都把媒介或媒介技术与意识形态相联系，这是一种融合媒介技术与文化的积极尝试，文化的传播一定离不开媒介技术，因此不能孤立地看待媒介技术，要与文化相结合。其次，我们需要走出传统技术哲学中"形而上学"的范式，传统的主客体范畴的划分很难揭示当代社会中媒介技术的本质内容，后马克思主义对本体论进行了积极的改造或全新的探索。鲍德里亚取消了主客体的距离，拉克劳和墨菲的话语理论也取消了主客体的对立和不相容性，重新诠释了主客体。最后，媒介技术哲学作为技术哲学的一部分，不应该只把它看作抽象的、孤立的科学，而应该结合文化和历史对其进行解读与研究。在我国关于媒介技术与文化批判的结合较少，后马克思主义媒介技术思想为我国在新媒介技术引领下合理开展的文化批判、应对媒介技术更迭和社会转型期间产生的各种文化精神、文化样态的冲突和裂变并实现从传统文化模式向现代文化模式的转向提供了重要的参考和借鉴。

第二，科学技术与社会（STS）研究方面的价值影响。

经过多年的积累与沉淀，科学技术与社会（STS）研究的一些基本结论已经被学界广泛接受，其中最经典的应该就是"科学技术具有双面性"这一思想，学界普遍认可科学技术是一把"双刃剑"，在造福人类的同时也可能给人类社会的发展带来一些负面的影响。工业革命以来，科学技术发展日新月异，也渗透和影响着人们日常生活的方方面面。如何客观理性地看待和评价科学技术在当代社会的影响和作用成为非常重要的议题，科学技术与社会（STS）经过多年研究在这一领域硕果颇丰，但从哲学领域对媒介技术这样具体的技术与社会的关系进行探讨与反思的成果较少，后马克思主义媒介技术思想填补了这一部分，丰富了科学技术与社会（STS）的研究成果，扩大了科学技术与社会（STS）的研究领域。

后马克思主义媒介技术思想作为一种技术哲学与媒介传播学的交叉学科的思考对于科学技术与社会（STS）有十分重要的参考价值，其理论视域与内容都丰富了STS的研究。其中德波开辟了媒介技术批判的新领域，即日常生活，并意图改变传统的主客关系；鲍德里亚提出象征意义并观察到消费社会中符号的作用与意义以及媒介技术起到的重要作用；拉克劳与墨菲提出话语理论并意图为共产主义另辟蹊径；齐泽克则通过精神分析的方法观察处于资本主义消费社会中的媒介技术对主体造成的压迫和异化。这些理论包含了媒介技术对整个社会的文化、伦理和制度等方面的思考，可以说这些思想为STS研究提供了宝贵的思路和内容。

第三，对消费社会的分析影响。

德波指出了西方资本主义社会的消费市场以"看"为中心的"视觉中心主义"的特征，景观正是对这种视觉中心主义的描述与总结，景观不仅是媒介技术工具的产物，更在传播中传达了一种世界观，这种世界观是资本主义社会向作为消费者的民众传递的世界观，景观的展示使真实的世界发生颠倒，使消费者有一种错觉，仿佛资本主义中景观的存在才是真实存在的。德波的理论使资本主义在营造景观的同时注重视觉和媒介技术的运用，德波的思想使消费者在景观中保持警醒，减少不理性的消费，尽量不被商家制造的消费氛围催眠。

从某种意义上来讲，鲍德里亚的理论创新在于把象征主义引入对消费社会的分析批判之中，为学界对消费社会的思考提供了新的思路和角度。鲍德里亚分析了对象的象征意义在消费社会中的地位与作用，当今消费者的需求不仅仅是物品的实用性和功能性就能够满足的，他们对商品背后的意义更感兴趣。举个例子，人们添置一个沙发，不但是为了把它当作工具来使用，而且是为了使自己更舒适、生活更优越来心甘情愿地付款。从对事物的需求到对其背后的意义需求，鲍德里亚构建了自己的消费社会体系。在高档的商场里，人们享受着优越的环境、热情的服务和品牌的价值，因此商品的价格要比普通的商铺贵得多，但是人们却得到了满足感。品牌成为大多数人证明自己身份的象征，消费者购买商品并不是因为真正需要，而是因为品牌带来的虚荣感，它似乎能让人看起来更加高贵。鲍德里亚的消费社会理论让我们看到，商品不仅具有价值和使用价值，还具有符号价值。如今我们都被这种符号价值所迷惑，我们的消费观念变得不理性。鲍德里亚批判了资本主义消费社会以资本增殖为目的，以电视网络等媒介技术作为手段制造消费氛围，让消费者容易产生消费幻觉，以促使人们处于无意识的消费状态中无法自拔，给人们带来一种错觉，认为消费能够购买幸福感和拥有感。消费社会中消费有了新的形式，消费者为了提高或保持消费能力，不断进行工作，获得报酬后再进行消费，形成恶性循环，人在不断膨胀的物欲中被物支配。在当代的消费社会，很大部分的消费者有对品牌的执着与追求，品牌代表的不仅是品质的保证，更是一种身份的象征，比如高端品牌的物品象征着一定的阶级、身份与地位，对这一消费现象的分析可以说鲍德里亚从根本上给予了批判。

齐泽克对以商品关系为基础的消费社会的解读是从个体的欲望和行为出发的，具体体现为一种日常的犬儒主义，是现代的犬儒主义。人们清楚地知道自己在做什么，也知道自己的行为实际上是不诚实或不道德的，但是人们仍然不能摆脱这一意识形态的控制，因为仍然要去做那些已经看出是不诚实的或不道德的行为。我之所以必须这样做，是由背后的"功利主义的和/或快乐主义的动机"，是主体以讽刺、挖苦的方式对占统治地位的意识形态进行拒绝，从个人利益出发阐明一切。犬儒主义承认也重视掩藏在意识形态普遍性下面的特定利益，承认也重视意识形态面具与现实之间的距离，但它总能找到保留那个面具的理由。齐泽克在其成名著作《意识形态的崇高理想》中就已经用马克思主义的商品拜物教理论来说明消费社会的意识形态幻象。他看到人们在日常生活层面上，已经很理解"物与物之间的货币交换关系只不过是人与人之间的社会关系的反映"这个道理。人们在认知中已经十分清楚地知道货币本身其实没有什么魔力。可是，人们在社会现实中就不同了，在人们的社会行为中，他们的行为就好像货币以其物质现实性，同样也是财富的直接体现。他们在实践上而非理论上，是拜物教教徒。犬儒主义的主体相当清楚意识形态的面具假象与社会现实之间的距离，但是他选择坚持这种假象，犬儒主义的理性变成了一种启蒙了的虚假意识的悖论：人们非常了解这一切，非常清楚隐藏在意识形态的普遍性后面的特殊利益，并且仍旧选择这一切。所以犬儒主义考虑到了意识形态普遍性背后的特殊利益，并且承认了意识形态的面具与现实之间的利益，却依然需要保持面具。当个体在使用金钱时，他们非常清楚它没有什么神奇的地方——在物质性上，金钱只不过是社会关系的一种表达而已。由于日常生活自动形成的意识形态，把金钱降格为一种简单的符号，赋予拥有它的个体对一定数量的社会产品的支配权利。所以，在日常生活的层面上，个体非常清楚在物与物之间的关系背后所隐藏的是人与人之间的关系。而问题恰恰在于，在人们正在"为"的某件事情中，他们的行为就好像货币以其物质现实性，同样也是财富的直接体现。所以齐泽克认为，在其社会现实性上，在其社会活动，也就是商品交换的行为中，他们为拜物教的幻觉所支配。齐泽克对消费社会中主体欲望的分析加深了学界对当代社会消费特征的认识，也提供了新的认识思路。

6.3.2　后马克思主义媒介技术思想未来可能的发展方向

随着媒介技术的不断发展，思想与文明的传播方式也随之变化，从口口相授的非符号媒介到文字媒介再到电子媒介和数字媒介，每一种媒介技术都给人们的日常生活带来了翻天覆地的变化，关于媒介技术的哲学认识也在不断更新。从后马克思主义媒介技术思想的发展脉络来看，后马克思主义者对媒介技术的思考也随着媒介技术的发展不断发生变化，德波和鲍德里亚的思想主要是对 20 世纪电子媒介时代对于电子媒介技术的批判和关注，而后来的齐泽克生活在数字媒介时代，他对数字媒介技术进行了深刻的反思与探讨。

后马克思主义给学界带来了新的理论视角和思考方向，后马克思主义广泛受到了学界的关注，在传统马克思主义与后马克思主义的碰撞中不断涌现出更多优秀的理论成果，后马克思主义媒介技术思想也在思想家不断的对话中产生新的学术火花。拉克劳与墨菲的话语理论与话语分析方法引发学界热烈的探讨，促进后来学者研究关于话语理论与媒介和政治关系等问题，其中最具代表性的就是澳大利亚学者林肯·达尔伯格与新西兰学者肖恩·费兰，他们将话语分析应用于政治与媒介传播学，形成了批判的媒介政治学理论。而齐泽克作为拉康精神分析方式的传人对数字媒介技术时代形成的赛博空间进行精神分析式的解读，并且其媒介技术社会中的暴力区分等一系列思想都对之后的学者产生了影响，如埃克曼（Mattias Ekman）就谈到了媒介技术在资本主义社会中与暴力的关系。总的来说，后马克思主义媒介技术思想将会随着不断的研究和媒介技术发展对社会的影响越来越重要，并且其思想会以某种形式迎来新的反思去影响后来者。

第 7 章

当代马克思主义媒介技术思想发展与后马克思主义媒介技术思想反思

随着全球资本主义的发展，经历了不断的资本主义危机爆发，人们再一次将目光投向了马克思，一个新的马克思主义时代再一次以批判反对资本主义的姿态回到了世界人民的思想舞台中心。也正是由于资本主义使得社会中的不同阶级冲突不断、社会矛盾斗争激烈等情况日趋严重，才使得人们不得不重新去马克思主义那里寻求智慧。早在 1977 年就已经有了关于马克思媒介思想方面的著作，斯迈思（Smythe）的《传播：西方马克思主义的盲点》认为，西方理论界没有形成对马克思主义中媒介理论的重视，但是随着资本主义全球化和资本周期性危机的爆发，新自由主义越来越不被看好，贫富差距也日益扩大。尤其是 2008 年的经济危机爆发，令西方学术界又开始对马克思主义感兴趣并进行研究，并且由于时代的发展特征使人们开始更注重其中关于马克思主义媒介思想的研究。其中以居伊·德波、鲍德里亚和麦克卢汉等学者最为突出并较早地关注媒介技术哲学思想，这些思想引起了学界的讨论，并受到马克思主义者对其中的错误思想的批判。马克思主义者看到了新媒介技术的产生会激发一些新情况下的资本主义问题，也正是看到了新的问题使得新时代的马克思主义者通过运用马克思主义思想在解决新问题的过程中形成了新的研究。这一系列的研究可以说是马克思主义媒介思想的发展，而通过当代马克思主义媒介技术思想的产生，可以比对反思后马克思主义媒介技术思想发展存在的问题和意义。

7.1　当代西方马克思主义媒介思想批判研究

当代马克思主义媒介技术思想发展迅速，由于资本主义全球化加速了阶级矛盾，进而引发各种反对资本主义的群体性事件，媒体在报道中起到了一定作用。作为当代的马克思主义者在看到了媒介技术重要性的同时，也将马克思主义思想用来研究当下的媒介技术，进而形成了新的马克思主义媒介技术思想，不同的马克思主义者对当代媒介技术的关注点各不相同，并且其中一些学者在某些特定的研究领域中取得了一定的研究成果。

7.1.1　从当代西方马克思主义媒介技术思想视角看商品与资本积累

当代媒介社会中，由于媒介技术的产生，致使很多人成为自由撰稿人，而对这一媒体职业的看法产生了分歧。妮可·科恩（Nicole Cohen）运用马克思主义的剥削理论和劳动过程理论分析了文化产业对自由撰稿人的剥削。她认为马克思主义政治经济学用于理解当代文化工作仍然是有说服力的，并且认为马克思主义对于理解当代文化劳工问题非常具有批判性。在经验层面上，文化工作者貌似具有自由的工作环境和场所，但仍然是被剥削的。在理论层面上，因为用唯物主义的方法看待文化工作的分析，所以文化工作没有脱离资本主义普遍结构的剥削。具体而言，妮可·科恩看到了榨取自由作者的两种方式——无偿劳动时间和不合理的版权制度剥削新闻工作中的无偿和无保障劳工。

在谈到公共服务被资本积累蚕食掉的今天，埃克曼（Mattias Ekman）看到了媒介技术在资本原始积累中扮演的角色。埃克曼看到了资本积累过程中的暴力性和剥夺性，并以实例去证明媒介技术（尤其是新闻媒体）在其实现过程中起到的作用。在其剥夺性积累过程中，其主要的积累途径是：私有化、金融化、危机控制与管理和国家再分配。这四个过程与暴力和社会运动息息相关，其实就是压迫与反抗。埃克曼所说的暴力与齐泽克所说的暴力一致，按照齐泽克的区分，资本主义媒介技术代表着为资本服务的客观暴力，埃克曼从传统的媒体和网络空间展开了论述。传统媒体通过传播法律和道德秩序意义上的治安话语，使这种客观暴力正当化，而在当今这一网络盛行的社会里存在着如 Facebook 等这样的公司，其网络用户及其劳动在被商品化的过程中，剥夺和暴力发挥着作用。这种监视和对客户隐私的占有无疑是客观暴力的体现。关于社交网站的讨论还包括"受众劳动"，这一概念在马克思主义传播政治学中被学界接受，费舍尔（Eran Fisher）分析了当前最火的社交网站的受众，他们既是商品也是工人，他们在商品化过程中同样面临着异化和被剥削。费舍尔构建了受众异化的理论，通过剥削与异化探讨社交网络中的受众劳动。社交网站既被视为生产途径（技术），也被视为传播手段（媒介）。

而谈到互联网媒介技术时，普瑞（Robert Prey）分析了现代资本主义意识形态中的互联网的角色。普瑞讨论网络社会中的权利，强调了卡斯特对于排他原则的重视。普瑞认识到当下互联网在社会生活中的重要性，他认为应将这一研究取向同马克思主义的剥削理论相结合。斯楚罗特（Jens Schrdter）讨论了齐泽克同样讨论过的比尔·盖茨提出的无摩擦资本主义的观点。互联网作为一项媒介技术，曾经承载着无危机经济持续增长的希望与意识形态的投射。而斯楚罗特强调，21 世纪初的互联网危机令这场意识形态破碎，真实世界的互联网陷入了生产力和生产关系的矛盾之中。

7.1.2　当代西方马克思主义媒介技术思想与意识形态批判

资产阶级的统治极其全面，在思想上层建筑领域同样构建并宣扬资本主义价值观念的技术体系，以实现资产阶级在意识形态领域的统治。意识形态是统治阶级进行统治的思想工具。如列宁所说："所有一切压迫阶级，为了维持自己的统治，都需要有两种社会职能：一种是刽子手的职能，另一种是牧师的职能。刽子手镇压被压迫者的反抗和暴动。牧师安慰被压迫者……使他们放弃革命行动，冲淡他们的革命精神，破坏他们的革命决心。"① 意识形态与国家机器技术和法治技术相比更隐蔽和可塑。毫无疑问，"统治阶级的思想在每一时代都是占统治地位的思想。这就是说，一个阶级是社会上占统治地位的物质力量，同时也是社会上占统治地位的精神力量"②。

在当今媒介社会里，意识形态和媒介技术的关系自然被当代马克思主义者所关注。佩雷斯（George Pleios）热衷于将马克思主义传播理论概念化。他指出资本主义中的媒介传播是生产力并兼顾着商品属性和意识形态特征。佩雷斯认为当今的媒介传播并不单纯是上层建筑还是经济基础，并通过观察自由放任资本主义和符号资本主义，认为融合休闲和工作才能消解经济基础与上层建筑之间的、生产与传播之间的界限。而福克斯（Christian Fuchs）关注网络批判研究的路径，他探讨网络批判研究包括辩证法、资本主义、商品化、剩余价值/剥削/异化/阶级、全球化、意识形态、阶级斗争、公众、公共领域、共产主义和美学。他认为在网络文化批判研究和批判政治经济学/网络批判理论之间存在着意

① 列宁.列宁全集：第21卷［M］.中共中央马克思恩格斯列宁斯大林著作编译局，编译.北京：人民出版社，1963：208.
② 马克思，恩格斯.马克思恩格斯选集：第1卷［M］.第2版.中共中央马克思恩格斯列宁斯大林著作编译局，编译.北京：人民出版社，1995：98.

识形态差异和斗争。同样，尼克松（Brice Nixon）探讨了媒介传播与辩证法的批判研究意义。他认为辩证法思想是反对古典政治经济学的理论基础。尼克松重视卢卡奇、马尔库塞、霍克海默、列斐伏尔，萨特和雷蒙·威廉姆斯等人对辩证法的研究成果，积极地将辩证法的方法运用在媒介与传播的批判研究之中，并充分与批判理论家们的理论相结合。苏斯曼（Gerald Sussman）在意识形态与媒介技术的宣传上探讨了其在当代资本主义媒介经济中的重要作用。苏斯曼看到人们被宣传所左右，尤其在当今资本主义媒介社会里，意识形态和媒介宣传作为重要生产力在起作用。他从马克思主义理论视角分析当今资本主义媒介社会中对生产型消费者的剥削和监管，并认为数字化媒体环境容易组织民众集体行动并使抵制资本主义成为可能。

7.1.3 当代西方马克思主义媒介技术思想与社会斗争

当代马克思主义者对当今资本主义社会中的媒介技术与社会斗争有着不同视角的解读，一方面是因为数字互联网等媒介技术的出现，另一方面也是用马克思主义思想分析社会中的媒介技术传播的性质。虞格仁（Katarina Giritli Nygren）和基隆德（Katarina L Gidlund）看到了数字化文化中的异化现象。他们将马克思的异化理论应用在数字化技术领域，认为在当今数字媒介社会中的传统形式异化必然伴随数字化异化，他认为这与消费文化、社交网络自我个性化展示以及商品化互联网息息相关。莫斯可（Vincent Mosco）则看到了资本主义的危机给马克思主义思想带来了生机，他鼓励解读马克思原著，尤其讨论了《政治经济学批判大纲》中关于信息与传播方式的重要性内容，并认为将马克思的新闻实践看作一种政治呼唤，以启迪当代媒介传播学的同仁、学者、传播工作者和学生。也有学者关注具体的媒介行业考察，如皮考斯（Wilhelm Peekhaus）从政治经济学分析学生出版业。他讨论了当今资本控制下的学术出版集团对免费学术劳动力的剥削、垄断与公共资源图书馆预算减少但期刊价格却仍旧高昂，分析了这一产业是如何被塑造的。这种资本主义控制下的学术出版带有典型的剥削色彩，指出出版开发虽然有局限性但是仍然可行，但是这需要通过一场出版业的开发运动来打破资本主义垄断和剥削，进而实现这一目标。

7.2　后马克思主义媒介技术思想批判

后马克思主义媒介技术思想可以说同样是时代的产物，一方面是因为当时社会媒介技术的大发展背景导致了媒介技术的影响越来越大；另一方面也是受到了当时社会情况和理论背景的影响。

1968年发生的"布拉格之春"和巴黎的"五月风暴"推动了后马克思主义的诞生。尤其是法国的"五月风暴"运动激起了哲学家对知识和权利的关系与社会现实问题的深入思考，并使法国的知识分子界集体走向了社会舞台之前，而对"五月风暴"事件的哲学反思构成了后马克思主义的"思想源泉"。面对这次运动的失败，法国知识分子感受到存在主义和结构主义的马克思主义的分析方式已经不能满足现状，在主体面对强大的国家权力显得无力时，以后现代为特征的这一思潮达到对权力系统的批判。而另一方面，媒介技术发展极为迅速，1920年KDKA广播电台在美国匹兹堡开始播音。紧接着电影、电视、互联网相继出现，这使得媒体科技迅速发展，人们通过这些媒介技术使生活娱乐、电视、电影、互联网等媒体发展成娱乐产业。与此相关的思想家越来越关注媒介技术的研究，毫无疑问，新媒介的产生发展在社会的权利与文化的构建中起到了重要的作用。正是在这样的背景下，产生了以麦克卢汉为代表的一批媒介技术研究的思想家。

　　麦克卢汉是首次提出"地球村"概念的学者，他看到他那个时代正是大众媒介技术的发展高峰期，大众传媒技术的开始发展和普及导致人们的交流沟通变得不受地域和时间的限制，大众的即时沟通成为一种日常的生活状态。"地球村"正是概括了大众媒介技术给人们带来新的生活方式，体现了媒介技术的巨大影响。其次是"媒介即讯息"的理论，这代表了其媒介技术决定论的思想，他认为媒介技术的影响大于其内容，媒介技术本身的工具属性、其带来的社会变迁和影响，是决定社会的主要因素，其思想对鲍德里亚的大众媒介看法影响深远。较早一些的德国哲学家海德格尔同样看到了"世界图像时代"降临这一历史性困局，并观察到："从本质上来看，世界图像并非意指一幅关于世界的图像，而是世界被把握为图像了。这时，存在者整体便以下述方式被看待，即唯就存在者被具有表象和制造作用的人摆置而言，存在者才是存在着的。在出现世界图像的地方，实现着一种关于存在者整体的本质性决断。存在者的存在是在存在者之被表象状态（Vorgestelltheit）中被寻求和发现的……世界图像并非从一个以前的中世纪的世界图像演变为一个现代的世界图像；而不如说，根本上世界成为图像，这样一回事情标志着现代之本质。"①

　　海德格尔对现代世界根本症状的诊断，更在居伊·德波关于"景观社会"的描述中获得了批判性的延续。德波指出："在现代生产条件蔓延的社会中，其整个的生活都表现为一种巨大的景观积聚。曾经直接地存在着的所有一切，现在都变成了纯粹的表征。从生活的各个方面分离出来的形象汇成一条共同的河流，生活以前的那种统一性永远地失去了。现实被片面地理解，并在新的一般性中展现为一个隔离的虚假世界，一个纯粹静观沉思的对象。世界诸形象的专门化潮流在自足的形象

① 马丁·海德格尔. 林中路［M］. 孙周兴，译. 上海：上海译文出版社，2004：78.

世界里获得了其最高的表现。在那里，谎言在欺骗自己。景观在其一般
性中是生活的具体倒置，而且其本身就是非生命之物的一种自主活动。
同时，景观又表现为社会本身，既是社会的一部分，又是社会整体的统
一得以实现的手段。"① 这一观点代表着思想家对 20 世纪历史转折时刻
的观察与感悟，并影响了之后的研究者。总的来说，从当代的马克思主
义媒介技术理论发展看后马克思主义媒介技术思想仍然存在着很多问题
和特征。

7.2.1　整体视域的缺失

后马克思主义中的媒介技术思想是在后现代主义、后结构主义的理
论视域下产生的，通过把反中心主义、反本质主义和反基础主义等方法
论运用于传统的马克思主义，对传统的马克思主义理论进行解构，提倡
多元化与不确定性，但是解构的后遗症是忽视了对事物、社会与世界整
体、全面的审视。鲍德里亚作为后马克思主义者看到在大众传播媒介技
术主导下的现代社会给人们带来了诸多问题，他借助符号学理论并将这
一理论运用到媒介批判研究中去，将媒介技术决定论发扬到了极端又走
入了"乌托邦"的臆想困境。这一理论令他脱离了真实情况，不能从
资本主义社会的现实情况出发找到问题的答案，也令他的批判理论非常
具有局限性。媒介技术毕竟只是重新构建社会的一部分，而且不是独立
的科技力量，鲍德里亚单方面的过分夸张认同媒介技术的作用是一种
"信息迷狂"论断，代表着一种技术决定论的悲观主义，其媒介技术理
论过于片面，只是存在于仿真的表面。作为后马克思主义者的拉克劳和
墨菲运用后现代主义的思想资源和理论范式展开更广泛的对话，并在后
现代语境中形成了一套关于马克思主义的激进政治学。其话语理论在媒

---

① 居伊·德波. 奇观社会 [M]. 吴琼，译. 北京：中国人民大学出版社，2005：59.

介话语研究领域中得到了运用，但是其理论还有一定的局限，毕竟拉克劳和墨菲的话语理论工具在社会科学研究中还只是刚刚起步探索。虽然这一理论对分析和批判资本主义社会中媒介技术的压迫具有一定的意义，但是毫无疑问这一理论缺乏整体性的视域。

7.2.2 扬弃媒介技术异化手段的软弱性

后马克思主义中的媒介技术思想从多个角度阐释了在资本主义社会条件下媒介技术对人形成的压迫、制约的异化作用，然而在扬弃异化的手段和方式上，后马克思主义者们给出的方式很难对社会、对媒介技术的异化现象产生根本性的影响和改变。马克思主义理论强调经济基础对上层建筑包括文化、意识形态等的决定性作用，但是后马克思主义者拉克劳和墨菲认为马克思的这种思想是一种经济决定论思想，他们把经济与政治分离开来，认为政治话语权才是政治斗争中所要争取的对象，这与马克思主义基本原理中的思想背道而驰。作为后马克思主义者的齐泽克的媒介技术理论亦有其局限，例如将精神分析运用于电影媒介技术的分析，齐泽克批判了当今社会的犬儒主义，但其最终仍旧步入犬儒主义之中。无论如何挣扎，人们总是被假象、幻觉与赝品所裹挟其中，而这又正建构了主体投射其欲望的幻象空间。主体与欲望客体互相凝视，这就是取代了交互主体性的交互被动性，犬儒主义姿态于焉浮现。齐泽克被戏谑地唤作"自天而降的第欧根尼""媒介时代的犬儒"①。整个后马克思主义媒介技术思想具有很强的批判性和时代性特征，但是其思想具有非常大的局限性和软弱性。先是缺失共产主义的最终信仰，后是对马克思主义基本原理和范式的错误理解。

---

① 胡继华. 穿越幻象：齐泽克为观察电影提供的一个视角 [J]. 文艺研究，2013（03）：16-24.

总结与展望

毫无疑问，后马克思主义媒介技术思想是时代的产物，一方面其思想是由于媒介技术的快速发展，使得那个时代的思想家们敏锐地发现了这一媒介技术的出现与发展带来的巨大作用与哲学意义；另一方面是后马克思主义的巨大思潮和所处时代的哲学理论界的发展导致了后马克思主义学者们敏锐地观察到并以一种新的方式介入那个时代，进行社会批判与理论实践探索。由于资本主义的发展和媒介技术的出现导致了社会的巨大变化，导致当时的学者们积极地思考和批判其所面对资本主义新社会形态的出现。无论是消费社会还是媒介社会的出现都体现着资本主义社会的一个新的重要侧面，而后马克思主义媒介技术思想正是对资本主义新形态的一种批判与反思。从这一角度入手去批判资本主义的一个侧面，也体现出媒介技术的重要作用。

本文总结了后马克思主义媒介技术思想中的几个关键人物的媒介技术思想，并且挖掘其中的内在逻辑和历史沿革，从技术哲学和马克思主义哲学的角度给予了简单评述。从居伊·德波的景观媒介技术开始对资本主义消费社会的批判，到鲍德里亚的媒介批判理论的进一步批判发展，再到拉克劳与墨菲的话语理论和齐泽克对媒介技术的思考，这一系列的思想为我们理解资本主义新媒介技术对社会发展的影响给予了新的视角并且取得了一定的成果。第一，居伊·德波的景观技术理论在西方学界产生了巨大的影响，这启发了鲍德里亚借鉴符号学理论研究资本主义社会并反思了媒介技术与社会发展，鲍德里亚的媒介批判理论在某种程度上可以说是继承了马克思主义对资本主义社会的批判精神，这对反思当下中国社会中的各种媒介技术引发的各种类似状况同样具有批判意义。第二，作为后马克思主义者的拉克劳和墨菲的话语理论能够有效地理解和分析话语的生产机制和政治属性等，并通过媒介技术的研究对现实社会的分析生产出一套独特的话语理论的阐释方式。对于媒介技术研究而言，拉克劳和墨菲的话语理论及其启发的话语理论分析的思路无疑对分析资本主义社会如何通过媒介技术影响社会发展提供理论与方法论。话语理论所关切的"多元话语竞争"的立场在当今社会互联网与数字媒介环境中极为普遍，尤其是在我国的互联网和数字媒介环境如此普及的今天更要给予关注，并且在我国媒介领域的意识形态话语分析中同样能发挥一定的作用并提供一定的参考价值。当然，话语理论的应用也要与本土情境和具体个案相结合，这就需要我们对本国媒介场域中的新闻话语、受众话语及政治话语进行研究。总的来说，这一研究思想开拓了媒介技术的宝贵研究思路。第三，齐泽克将精神分析的研究方式与媒介技术相结合，分析了媒介技术与资本主义的关系、媒介技术的性质与力量和具体的媒介技术的特征，为当下反思和批判资本主义社会提供了独特的视角。第四，从技术哲学和后马克思主义对资本主义批判性的视角评述后马克思主义媒介技术思想中的价值和不足。第五，简单地将后马克思主义媒介技术和当下发展的不同的马克思主义媒介技术进行对比分析，看到了后马克思主义媒介技术整体视域的缺失和扬弃异化手段的软弱性的问题。

　　总的来说，后马克思主义媒介技术思想无论是对后马克思主义思潮的研究还是对技术哲学的研究都存在一些宝贵的思路与探索意义。虽然后马克思主义媒介技术思想研究同样存在自身的问题，尤其是对这一领域的研究还十分的有限和不足，其后续需要更进一步的研究，但是可以说对后马克思主义媒介技术的研究还是十分具有意义的，尤其是在当今世界，随着媒介技术的快速发展和大范围应用，这一技术正在改变社会发展的方方面面。从历史上媒介技术的快速发展影响美国大选的形式和结果到如今改变人们的学习、生活和购物方式，足以说明这一研究的重要性，而后马克思主义媒介技术的研究为技术哲学理论研究和资本主义社会批判研究提供了宝贵的经验和理论财富。在可预期的媒介技术大发展的未来，对后马克思主义媒介技术思想的研究和这一领域所能提供的研究启发必然会发挥其作用。

参考文献

［1］马克思，恩格斯．马克思恩格斯选集：第1—4卷［M］．北京：人民出版社，2012.

［2］马克思，恩格斯．马克思恩格斯文集：第1—10卷［M］．北京：人民出版社，2009.

［3］保罗·A. 泰勒．齐泽克论媒介［M］．安婕，译．北京：中国传媒大学出版社，2019.

［4］卢卡奇．历史与阶级意识［M］．杜章智，任立，燕宏远，译．北京：商务印书馆，1999.

［5］鲍里斯·格罗伊斯．揣测与媒介：媒介体现象学［M］．张芸，刘振英，译．南京：南京大学出版社，2019.

［6］居伊·德波．景观社会［M］．张新木，译．南京：南京大学出版社，2017.

［7］马尔库塞．单向度的人［M］．刘继，译．上海：上海译文出版社，2006.

［8］尤尔根·哈贝马斯．作为"意识形态"的技术与科学［M］．李黎，郭官义，译．上海：学林出版社，1999.

［9］德里达．声音与现象［M］．杜小真，译．北京：商务印书馆，1999.

[10] 胡塞尔．欧洲科学的危机与超越论的现象学［M］．王炳文，译．北京：商务印书馆，2009.

[11] 恩斯特·拉克劳，尚塔尔·墨菲．领导权与社会主义的策略：走向激进民主政治［M］．尹树广，鉴传今，译．哈尔滨：黑龙江人民出版社，2003.

[12] 恩斯特·拉克劳．我们时代革命的新反思［M］．哈尔滨：黑龙江人民出版社，2006.

[13] 尚塔尔·墨菲．政治的回归［M］．王恒，藏佩洪，译．南京：江苏人民出版社，2005.

[14] 朱迪斯·巴特勒，欧内斯特·拉克劳，斯拉沃热·齐泽克．偶然性、霸权和普遍性［M］．南京：江苏人民出版社，2004.

[15] 斯拉沃热·齐泽克．意识形态的崇高客体［M］．北京：中央编译出版社，2002.

[16] 斯拉沃热·齐泽克．敏感的主体：政治本体论的缺席中心［M］．南京：江苏人民出版社，2006.

[17] 斯拉沃热·齐泽克．易碎的绝对［M］．南京：江苏人民出版社，2004.

[18] 安东尼·吉登斯．现代性的后果［M］．田禾，译．南京：译林出版社，2000.

[19] 卡尔·米切姆．通过技术哲学思考：工程与哲学之间的道路［M］．陈凡，朱春艳，译．沈阳：辽宁人民出版社：2008.

[20] 卡尔·米切姆．技术哲学概论［M］．殷登祥，曹南燕，译．天津：天津科学技术出版社，1999.

[21] 安德鲁·芬伯格．技术批判理论［M］．韩连庆，曹观法，译．北京：北京大学出版社，1999.

[22] 弗里德里希·拉普．技术哲学导论［M］．刘武，译．沈阳：

辽宁科学技术出版社，1986.

[23] 瑞克斯·巴特勒.齐泽克宝典[M].胡大平，等译.南京：江苏人民出版社，2007.

[24] 尤尔根·哈贝马斯.重建历史唯物主义[M].郭官义，译.北京：社会科学文献出版社，2013.

[25] 安东尼·吉登斯.现代性与自我认同[M].赵旭东，方文，王铭铭，译.上海：三联出版社，1998.

[26] 哈贝马斯.现代性的哲学话语[M].曹卫东，译.南京：译林出版社，2016.

[27] 杰拉德·德兰蒂.现代性与后现代性：知识，权力与自我[M].李瑞华，译.上海：商务印书馆，2015.

[28] 让·鲍德里亚.消费社会[M].刘成富，全志钢，译.南京：南京大学出版社，2010.

[29] 阿格尼丝·赫勒.现代性理论[M].李瑞华，译.上海：商务印书馆，2005.

[30] 詹姆逊.单一的现代性[M].王逢振，王丽亚，译.天津：天津人民出版社，2005.

[31] 詹姆逊.晚期资本主义的文化逻辑[M].陈清桥，译.上海：三联书店，1997.

[32][荷] E.舒尔曼.科技文明与人类未来[M].李小兵，谢京生，张锋，译.北京：东方出版社，1995.

[33] 丹尼尔·贝尔.后工业社会的来临[M].高铦，王宏周，魏章玲，译.南昌：江西人民出版社，2018.

[34] 刘同舫.马克思人类解放思想史[M].北京：人民出版社，2019.

[35] 陈培永.什么是人民、阶级及其他：以马克思的名义[M].

南京：江苏人民出版社，2018.

［36］远德玉，陈昌曙.论技术［M］.沈阳：辽宁科学技术出版社，1986.

［37］陈昌曙.技术哲学引论［M］.北京：科学出版社，1999.

［38］王治东.技术的人性本质探究：马克思生存论的视角、思路与问题［M］.上海：上海人民出版社，2012.

［39］管锦绣.马克思技术哲学研究［M］.武汉：湖北人民出版社，2014.

［40］乔瑞金，牟焕森，管晓刚.技术哲学导论［M］.北京：高等教育出版社，2009.

［41］张晓红.马克思技术实践思想研究［M］.沈阳：东北大学出版社，2013.

［42］于春玲.文化哲学视阈下的马克思技术观［M］.沈阳：东北大学出版社，2013.

［43］田鹏颖.马克思社会技术思想论纲［M］.北京：社会科学文献出版社，2016.

［44］安娜·玛丽·史密斯.拉克劳与墨菲：激进民主想象［M］.南京：江苏人民出版社，2011.

［45］保罗·鲍曼.后马克思主义与文化研究［M］.南京：江苏人民出版社，2011.

［46］道格拉斯·拉米斯.激进民主［M］.北京：中国人民大学出版社，2002.

［47］道格拉斯·凯尔纳，斯蒂文·贝斯特.后现代理论［M］.北京：中央编译出版社，1999.

［48］斯拉沃热·齐泽克，泰奥德·阿多尔诺.图绘意识形态［M］.南京：南京大学出版社，2002.

［49］朱迪斯·巴特勒．权力的精神生活：服从的理论［M］．南京：江苏人民出版社，2009.

［50］理查德·罗蒂．偶然、反讽与团结［M］．北京：商务印书馆，2003.

［51］拉康．拉康选集［M］．上海：三联书店，2001.

［52］尤尔根·哈贝马斯．重建历史唯物主义［M］．北京：社会科学文献出版社，2000.

［53］陈凡．技术社会化引论［M］．北京：中国人民大学出版社，1995.

［54］陈凡，朱春艳．全球化时代的技术哲学：2004 年技术哲学与技术伦理国际研讨会译文集［M］．沈阳：东北大学出版社，2006.

［55］朱春艳．费恩伯格技术批判理论研究［M］．沈阳：东北大学出版社，2006.

［56］斯图亚特·西姆．后马克思主义思想史［M］．南京：江苏人民出版社，2011.

［57］徐生权．隐匿的媒介：媒介化生存下的媒介再认识［J］．淮海工学院学报（人文社会科学版），2018，16（05）.

［58］戴宇辰．"在媒介之世存有"：麦克卢汉与技术现象学［J］．新闻与传播研究，2018，25（10）.

［59］齐泽克．意识形态的崇高客体［M］．季广茂，译．北京：中央编译出版社，2014.

［60］乔基庆．海德格尔的物性观向媒介哲学的理论生成［J］．长安大学学报（社会科学版），2017，19（01）.

［61］张三夕，李明勇．海德格尔媒介本体论思想阐述［J］．华中师范大学学报（人文社会科学版），2017，56（05）.

［62］吴飞．媒介技术演进脉络的哲学考察［J］．新闻记者，2018

（12）．

[63] 毛章清，胡雍昭．胡翼青：重新发现传播学——从海德格尔的技术哲学谈起 [J]．国际新闻界，2016，38（02）．

[64] 胡翌霖．麦克卢汉媒介存在论初探 [J]．国际新闻界，2014，36（02）．

[65] 弗里德里希·基特勒，胡菊兰．走向媒介本体论 [J]．江西社会科学，2010（04）．

[66] 陈昌曙．陈昌曙文集：科学技术与社会卷 [M]．北京：科学出版社，2015．

[67] 陈昌曙．陈昌曙文集：科学认识论与方法论卷 [M]．北京：科学出版社，2014．

[68] 陈昌曙．陈昌曙文集：马克思主义哲学卷 [M]．北京：科学出版社，2015．

[69] 陈昌曙．陈昌曙文集：可持续发展卷 [M]．北京：科学出版社，2016．

[70] 戴维·麦克莱伦．马克思以后的马克思主义 [M]．北京：中国人民大学出版社，2008．

[71] 路德维希·维特根斯坦．哲学研究 [M]．上海：上海人民出版社，2005．

[72] 米歇尔·福柯．知识考古学 [M]．上海：上海三联书店，2007．

[73] 米歇尔·福柯．规训与惩罚 [M]．上海：上海三联书店，2007．

[74] 路易·阿尔都塞．保卫马克思 [M]．北京：商务印书馆，2006．

[75] 赵磊．拉克劳和墨菲的后马克思主义理论研究 [D]．长春：

吉林大学，2014.

　　[76] 凌取智. 马克思主义意识形态领导权思想研究 [D]. 苏州：苏州大学，2014.

　　[77] 姜海涛. 拉克劳和墨菲领导权理论研究 [D]. 哈尔滨：黑龙江大学，2014.

　　[78] 林青. 后马克思主义中的阿尔都塞因素 [J]. 马克思主义与现实，2015（06）.

　　[79] 蓝江. 后马克思主义还是拉康化马克思主义？[J]. 福建论坛（人文社会科学版），2016（07）.

　　[80] 宋伟. 后马克思主义文化理论出场的历史语境 [J]. 南京社会科学，2017（01）.

　　[81] 王平. "后马克思主义"是一种什么主义 [J]. 学术月刊，2010，42（03）.

　　[82] 王南湜. 改变世界的哲学何以可能：上：从马克思到后马克思主义 [J]. 学术月刊，2012，44（01）.

　　[83] 特里尔·卡弗，张秀琴，魏天舒. "意识形态批判"政治：新/后马克思主义时代的社会主义 [J]. 马克思主义与现实，2011（04）.

　　[84] 王凤才，陈学明. 国外马克思主义研究：四条路径及其评价 [J]. 学术月刊，2011，43（02）.

　　[85] 韩红艳. 批判与革命：马克思主义文化理论的内涵 [D]. 上海：复旦大学，2012.

　　[86] 赵磊. 拉克劳和墨菲的后马克思主义理论研究 [D]. 长春：吉林大学，2014.

　　[87] 凌取智. 马克思主义意识形态领导权思想研究 [D]. 苏州：苏州大学，2014.

［88］姜海涛. 拉克劳和墨菲领导权理论研究［D］. 黑龙江：黑龙江大学，2014.

［89］林青. 后马克思主义中的阿尔都塞因素［J］. 马克思主义与现实，2015（06）.

［90］蓝江. 后马克思主义还是拉康化马克思主义？［J］. 福建论坛（人文社会科学版），2016（07）.

［91］吴苑华. 后马克思主义对历史唯物主义的重建［J］. 华侨大学学报（哲学社会科学版），2016（04）.

［92］宋伟. 后马克思主义文化理论出场的历史语境［J］. 南京社会科学，2017（01）.

［93］王平. "后马克思主义"是一种什么主义［J］. 学术月刊，2010，42（03）.

［94］王平. 拉克劳和墨菲后马克思主义激进民主政治的三重向度［J］. 中国人民大学学报，2012，26（01）.

［95］陈炳辉. 后马克思主义与当代社会科学的发展［J］. 马克思主义与现实，2012（01）.

［96］王南湜. 改变世界的哲学何以可能：上：从马克思到后马克思主义［J］. 学术月刊，2012，44（01）.

［97］韩振江. 后马克思主义中的齐泽克［J］. 清华大学学报（哲学社会科学版），2011，26（02）.

［98］特里尔·卡弗，张秀琴，魏天舒. "意识形态批判"政治：新/后马克思主义时代的社会主义［J］. 马克思主义与现实，2011（04）.

［99］王凤才，陈学明. 国外马克思主义研究：四条路径及其评价［J］. 学术月刊，2011，43（02）.

［100］杨耕. 后马克思主义：历史语境与多重逻辑［J］. 哲学研

究，2009（09）.

[101] 陶水平. 后马克思主义文化政治学及其文论价值 [J]. 中国文学研究，2014（01）.

[102] 卢春雷. 霸权、话语建构、反极权主义：后马克思主义社会批判空间转向 [J]. 南京师大学报（社会科学版），2014（06）.

[103] 陈立泰. 拉克劳与墨菲思想中的霸权问题研究 [D]. 重庆：西南大学，2014.

[104] 陈长莲. 查特尔·墨菲的后马克思主义女权主义思想研究 [D]. 南京：南京大学，2014.

[105] 孔明安. "后马克思主义"研究及其理论规定 [J]. 哲学动态，2004（02）.

[106] 付文忠，孔明安. "后马克思主义"理论的批判解读：拉克劳与墨菲的 "后马克思主义" 评析 [J]. 马克思主义研究，2004（02）.

[107] 曾枝盛. "后马克思主义" 的定义域 [J]. 学术研究，2004（07）.

[108] 徐德林. 制造 "真正的" 差异：文化研究与后马克思主义的 "接合" [J]. 外国文学评论，2018（03）.

[109] 王玉鹏. 论后马克思主义的主要理论主张及其内在矛盾 [J]. 国外社会科学，2018（05）.

[110] 孔明安. 后马克思主义的政治哲学批判：拉克劳和墨菲的多元激进民主理论研究 [J]. 南京大学学报（哲学·人文科学·社会科学版），2005（04）.

[111] 周穗明. 后马克思主义关于当代西方阶级与社会结构变迁的理论述评：上 [J]. 国外社会科学，2005（01）.

[112] 周凡. 后马克思主义：概念的谱系学及其语境：上 [J].

河北学刊，2005（01）．

[113] 周凡．回答一个问题：何谓后马克思主义？[J]．江苏社会科学，2005（01）．

[114] 陈炳辉．后马克思主义与马克思主义 [J]．教学与研究，2005（03）．

[115] 李西祥．精神分析与后马克思主义的隐秘链接：以拉克劳为例 [J]．马克思主义与现实，2015（04）．

[116] 谢亚洲．西方民主的现代困境：从马克思到后马克思主义 [J]．甘肃社会科学，2018（06）．

[117] 冯燕芳．阿尔都塞的多元决定及其对后马克思主义理论建构的意义 [J]．华中科技大学学报（社会科学版），2019，33（05）．

[118] P. 雷诺兹，张明仓．后马克思主义是超越马克思主义的激进的政治理论和实践吗？[J]．世界哲学，2002（06）．

[119] 陈炳辉．后马克思主义与西方马克思主义 [J]．厦门大学学报（哲学社会科学版），2007（05）．

[120] 付文忠．后马克思主义的社会主义新策略：拉克劳与墨菲的激进民主社会主义策略批判分析 [J]．当代世界社会主义问题，2006（02）．

[121] 周凡．霸权接合的哲学批判 [D]．上海：复旦大学，2004．

[122] 胡大平．激进民主、对抗性与霸权：拉克劳和墨菲后马克思主义政治规划的批评性解读 [J]．求是学刊，2004（01）．

[123] 王淼，李海辰．后马克思主义女性主义思潮述评 [J]．黑龙江社会科学，2017（05）．

[124] 刘国栋．马克思主义大众化视域下的"马克思精神"研究 [D]．呼和浩特：内蒙古大学，2017．

［125］秦美珠，易显飞．女性主义的后马克思主义转向［J］．华东理工大学学报（社会科学版），2013，28（01）．

［126］刘昕亭．作为政治批评的缝合式批评：齐泽克研究［D］．南开大学，2013．

［127］付文忠．后马克思主义话语理论的哲学基础剖析［J］．西南大学学报（社会科学版），2010，36（01）．

［128］付文忠．拉克劳与墨菲的后马克思主义政治观剖析［J］．当代世界社会主义问题，2008（04）．

［129］周凡．从马克思主义到后马克思主义：上：拉克劳与莫菲思想演进的全景透视［J］．学术月刊，2008（05）．

［130］付文忠．后马克思主义的三个命题解读：拉克劳与墨菲"超越"马克思主义的理论路径剖析［J］．西北师大学报（社会科学版），2007（01）．

［131］刘立华．话语理论的新进展：兼评《话语理论与批判媒介政治学》［J］．国外理论动态，2016（02）．

［132］赵凌．媒介·话语·权力·身份："农民工"话语考古与身份生产研究［D］．杭州：浙江大学，2013．

［133］张艳红．女性主义视野下的媒介批评［D］．武汉大学，2009．

［134］吴学琴．媒介话语的意识形态性及其建设［J］．马克思主义研究，2014（01）．

［135］龚为纲，朱萌，张赛，等．媒介霸权、文化圈群与东方主义话语的全球传播：以舆情大数据GDELT中的涉华舆情为例［J］．社会学研究，2019，34（05）．

［136］徐桂权，章震．作为社会解释的媒介话语分析：解读《媒介话语的进路》［J］．新闻记者，2017（10）．

[137] 张昱辰. 媒介与文明的辩证法："话语网络"与基特勒的媒介物质主义理论 [J]. 国际新闻界, 2016, 38 (01).

[138] 陈刚. "不确定性"的沟通："转基因论争"传播的议题竞争、话语秩序与媒介的知识再生产 [J]. 新闻与传播研究, 2014, 21 (07).

[139] 李智. 从权力话语到话语权力：兼对福柯话语理论的一种哲学批判 [J]. 新视野, 2017 (02).

[140] 吴猛. 福柯话语理论探要 [D]. 上海：复旦大学, 2004.

[141] 郑燕. 人是媒介的尺度 [D]. 济南：山东大学, 2014.

[142] 邵鹏. 媒介作为人类记忆的研究 [D]. 杭州：浙江大学, 2014.

[143] 李沁. 沉浸媒介：重新定义媒介概念的内涵和外延 [J]. 国际新闻界, 2017, 39 (08).

[144] 吴璟薇, 曾国华, 吴余劲. 人类、技术与媒介主体性：麦克卢汉、基特勒与克莱默尔媒介理论评析 [J]. 全球传媒学刊, 2019, 6 (01).

外文文献：

[1] LACLAU E, *New Reflections on The Revolution of Our Time* [M]. London：Verso, 1990.

[2] MOUFFE C, *The Return of the Political* [M]. London：Verso, 1993.

[3] LACLA E：*Hegemony and Politics, in Post−Marxism and the Middle East* [M]. London：Verso, 1998.

[4] LACLAU E. Deconstruction, Pragmatism, in C [M] //MOUFFE, ed. *Deconstruction and Pragmatism*. London：Routledge, 1996.

[5] SCOOT J W. Only Paradoxes to Offer: *French Feminists and the Rights of Man* [M] . Cambridge, MA: Harvard University Press, 1996.

[6] TORFING J. *New theoriesof discourse: Laclau, Mouffe and Zizek* [M]. UK: Blackwell, 1999.

[7] SUTHERLAND C. *Nation—building through discourse theory* [J]. Nations and Nationalism, 2005, 11 (2) .

[8] TOWNSHEND J: *Laclau and Mouffe's Hegemonic Project: The Story So Far* [J] . Political Studies, 2004 (52) .

[9] KNOPS A: Debate: *Agonism as Deliberation—On Mouffe's Theory of Democracy* [M] . The Journal of PoliticalPhilosophy, 2007, 15 (1) .

[10] Jonathan Pugh The disciplinary effects of communicative planning in Soufriere, St. Lucia: Governmentality, hegemony and space — time — politics, 2005. PUGH J: The disciplinary effects of communicative planning in Soufriere, St Lucia: govern mentality, hegemony and space — time — politics. Andrew Schaap: Political Theory and the Agony of Politics, Political.

[11] Andre Gorz. Farewell to the Working Class, An Essay on Post—Industrial Socialism, translated by Michael Sonenscher, London: Pluto Press, 1982.

[12] SAUSSURE F D, *Course in Gegeral Linguistics* [M] . BASKIN W, tans. New York: McGraw Hill, 1966.

[13] LACLAU E, "*Glimpsing the Future*", in Simon Critchley and Oliver [M] //MARCHART, eds, Laclau: A Critical Reader. London: Routledge, 2004.

[14] HAYLES, *KATHERINE. Writing Machines* [M] . Cambridge: MIT Press, 2002.

[15] VERGÈS, FRANOISE. *Monsters and Revolutionaries: Colonial*

Family Romance and Métissage ［M］.Durham：Duke University Press，1999.

［16］DERRIDA，JACQUES，STIEGLER B. *Echographies of Television.* London：Polity，2002.

［17］KROKER A，SPASM. *Virtual Reality, Android Music and Electric Flesh* ［M］.New York：Saint Martin's Press，1993.

［18］BAUDRILLARD J. *Cool Memories* Ⅱ ［M］.Paris：Galilée，1990.

［19］BAUDRILLARD J. The Masses ［M］.Paris：Galilée，1992.

［20］POSTER M. *Existential Marxism in postwar Frence From Sartre to Althusser* ［M］.Princeton：Princeton Univ，1977.

［21］BAUDRILLARD J. *The Mirror of Production* ［M］.St. Louis：Telos Press，1975.

［22］BAUDRILLARD J. *The Ecstasy of Communication* ［M］.Semiotext（E），1988.

［23］BAUDRILLARD J. *Simulations* ［M］.Semiotext（E），1983.

［24］ROBINSON A. *Jean Baudrillard：Hyperreality and Implosin* ［J］.Ceasefire Magazine，2012（8）.

［25］HEHIR A. *Hyper-reality and Statebuilding：Baudrillard and the unwillingness of international administrations to cede control* ［J］.Third World Quarterly，2011（6）.

［26］BAUDRILLARD J，MACLEAN M. *The Masses：The Implosion of the social in the Media* ［J］.New Literary History，1985（3）.

［27］MERRIN W. *Television is Killing the Art of Symbolic Exchange Baudrillard's Theory of Communication* ［J］.Theory，Culture&Society，1999（3）.

[28] The Masses and the Media：Baudrillard's Implosive Postmodernism · Kuan-Hsing Chen · Theory, Culture and Society 4 (1) (1987).

[29] WILLIAMS R. *Culture is Ordinary* [M] //HIGGINS J ed. The Raymond Williams Reader. London：Blackwell Publishers Ltd, 2001.

[30] WILLIAMS R. *The Long Revolution* [M] . New York：Harper Torchbooks, 1966.

[31] WILLIAMS R. *Marxism and Literature* [M] . Oxford：Oxford University Press, 1977.

[32] HALL S. *Cultural Studies and Its Theoretical Legacies* [M] // GROSSBERG L, NELSON C, TREICHLER P, ed. Cultural Studies. London：Routledge, 1992.

致　谢

　　本书付梓之际，意味着我在东北大学以博士研究生身份的求学之路即将结束。回首往日，依然记得自己当初毅然辞职选择考博求学的人生追求。尽管考学之路并不平坦，但能进入东北大学哲学系深造，实乃人生幸事。在这不到四年的学习生涯中，我得到了师友亲朋们的呵护与关心，内心无比感激，在此向你们表示由衷的感激。

　　本书是在我的导师包国光教授的指导下完成的，非常感谢我的导师四年来对我的指导和帮助。包老师热爱哲学，理论功底深厚而广博，尤其喜欢研究具有理论深度的哲学问题。在我科研和学习的道路上，包老师不但给我指出了研究方向，更经常指导我的文章。从行文逻辑到语言规范，从选题创新到理论方法，包老师给予了我很多的帮助和指导。也正是在包老师的指导和帮助下，我才取得了一点学术成果，顺利毕业。在此向包老师致以诚挚的感谢，您严谨治学的态度和追求学问的精神必将影响我日后的学术之路，我也会谨记您的教诲，严谨治学，止于至善。

　　感谢哲学系陈凡教授对我的指导和帮助，从入学、开题和答辩到找工作，陈老师都给予了我极大的指导和帮助。同样感谢朱春燕教授、王健教授、陈红兵教授、程海东教授、文成伟教授、陈佳教授等，他们在我日常的学习过程中给予了我很多学术方面的指导，每当我遇到研究困难向他们寻求帮助时，他们总能在第一时间给予我指导和帮助。感谢办公室的汪洋老师、崔盼盼老师和高青老师等，他们在我的生活和学习过程中给予了我很多的关怀和帮助。正是有了东北大学哲学系老师们的帮助，让我的科研和毕业之路才能顺利开展，感谢你们的默默付出。

感谢我的研究生导师陆杰荣教授，是您的指导让我走上了哲学之路。感谢我的科研论文的合作者辽宁大学的高斯扬教授和北京量子科学院的谭浩博士，与你们的合作让我在学术上开辟了新的领域，你们也在我的学术成长道路上给予了我莫大的支持和鼓励。感谢潘宝君、赵越、孔璐、周雅雯、原黎黎、刘颖、季驰然、胡景谱、赵辰、蔡振东、阚予心、韩雪、王硕、杨斯洋、王庆全等同学对我的帮助和关怀。在攻读博士期间与你们一起学习探讨哲学问题的时光使我感到非常开心和愉快，也希望大家未来都能百尺竿头，更进一步。

感谢学术共同体中师长们的帮助，感谢北京大学第十一届未名论坛暨全国马克思主义理论及相关学科博士研究生高级研讨班的同学和老师们的指导，感谢第五届全国物理学哲学学术研讨会的师友们的分享，感谢哥伦比亚大学哲学系的贾斯丁教授给了我访学的机会，虽然由于疫情只能在线学习，但是仍然令我开拓了学术视野。感谢匹兹堡的尼古拉斯·雷歇尔教授给予了我很多的鼓励和访问机会。感谢多伦多大学和阿姆斯特丹大学哲学系老师给予我的资源和帮助，他们举办的很多学术会议交流都使我在科研之路上开阔了眼界与思维。感谢中科院自然科学史研究所的刘益东教授的指导和帮助。在这里，需要感谢的师友们还有很多，真心感谢学术路上有你们的帮助和支持。

感谢王前教授和于淼教授作为校外答辩老师参加我的博士论文答辩，非常感谢你们的指导。感谢三位论文盲审专家对论文提出的宝贵的指导意见。最后，论文的顺利完成离不开父母对我的支持与鼓励，感谢父亲对我一直以来的支持和引导，感谢母亲在我求学之路上的一直鼓励与陪伴，也感谢我的爱人杨淼给予我的关爱及理解，你们辛苦了！

博士毕业只是一个新的起点，我坚信"功不唐捐，玉汝于成"，任何努力后的收获都将会在漫长的人生中成为自己的财富。希望自己未来能坚持"志存高远，勤勉笃行"的信念，通过自己的努力为国家的繁荣和人类的幸福事业增光添彩。

程鹏

攻读博士学位期间取得的学术成果

发表文章：

[1] 程鹏，包国光. 恩格斯生态思想及其启示：基于《反杜林论》的解读 [J]. 理论视野，2020（10）：11-16.

[2] 程鹏，高斯扬. 当代资本主义社会控制与媒介技术批判：基于德波景观社会理论的考察 [J]. 科学社会主义，2021（02）：123-128.

[3] 程鹏，高斯扬. 通用人工智能体道德地位的哲学反思 [J]. 自然辩证法研究，2021，37（07）：46-51.（被新华文摘观点摘编转载）

[4] 程鹏，谭浩. 我国量子科技产业的"负责任创新" [J]. 东北大学学报（社会科学版），2021，23（04）.

[5] 程鹏. 人工智能引发的环境问题初探 [J]. 记者摇篮，2020（02）：20-21.

[6] 程鹏. 德波：以"景观"审视资本主义社会的统治工具 [N]. 中国社会科学报，2020-11-24（008）.